# Ni Hombre
# Ni Mujer
por Betty Miller

Primera Edición Publicada 1980
Segunda Impresión 1982
Tercera Impresión 1983
Cuarta Impresión 1984
Quinta Impresión 1987
Sexta Impresión 1988
Séptima Impresión 1989
Octava Impresión 1994
Novena Impresión 2001
Décima Impresión 2003 Impresa a Pedido

*Ni Hombre Ni Mujer*

Derechos de Autor © 1980-2014

ISBN 978-1-57149-037-7

**CHRIST UNLIMITED MINISTRIES, INC.**
Pastor R.S. "Bud" Miller – Publicador
P.O. Box 850
Dewey, Arizona 86327
Todos los Derechos Reservados. Impreso en EE.UU.

Las citas bíblicas son tomadas de la versión Reina Valera a menos que se indique lo contrario.

# Tabla de Materias

*Prefacio* — *vii*
*Prólogo* — *ix*
*Créditos y Reconocimientos* — *x*
*Introducción* — *xi*
*Ni Hombre Ni Mujer* — *1*
La verdadera liberación de la mujer — 1
Hombre y mujer Él los creó — 2
Mujeres en el ministerio — 3
La verdadera sumisión — 6
La sumisión fuera de equilibrio — 10
Sumisión a los auténticos líderes — 11
El ministerio de cinco partes — 12
Ministerio de apóstol — 13
Ministerio de profeta — 14
Ministerio de evangelista — 16
Ministerio de pastor — 16
Ministerio de maestro — 17
Las mujeres redimidas de la maldición — 20
Gobernando y reinando con Cristo — 20
La cobertura — 22
El pecado de divorcio — 27
Ministerios de mujeres y hombres casados — 28
Celibato y ministerio — 30
Elección de la pareja — 31
Problemas del divorcio — 34
¿Qué hay sobre el casarse nuevamente? — 35
¿Pueden ministrar los divorciados? — 37
La esposa cristiana — 39
Responsabilidades de esposas y madres cristianas — 42
El trabajo fuera del hogar — 45
La mujer que está sola — 47
Vestido divino para las mujeres piadosas — 48
Ni hombre ni mujer — 49
*Nota Posterior* — *52*
*Para Estudio Adicional* — *53*
*Propósito y Visión* — *58*

# Prefacio

Saludos en el nombre de nuestro Señor Jesucristo:

Presento este libro para al cuerpo de Cristo como el Espíritu Santo me lo presentó. Te reto a que permitas que el Espíritu de la verdad de Dios, y la Biblia, confirmen la exactitud de las palabras contenidas en estas páginas. Este libro forma parte de un curso completo de estudios sobre el estudio de la Biblia llamado Sobreponiéndose a la Vida. Esta serie es una "caja de herramientas espirituales" ya que cubre una multitud de temas que enfrenta cada cristiano en su caminar con Dios. También responde a las preguntas que muchos creyentes tienen con respecto al movimiento actual sobre Dios. Estos son tratados en un enfoque equilibrado y a la luz de las Escrituras. ¡El pueblo de Dios no está para vivir frustrado, derrotado en vida, sino que están para ser vencedores victoriosos! Para un estudio más profundo, cada uno de estos libros tiene un cuaderno de trabajo disponible en versión impresa. Este libro y serie también se dirige a todos los buscadores de la verdad que no conocen AL CRISTO ILIMITADO, ya que sería un privilegio para mí presentarle a Él.

Durante los primeros años de ministerio, se me dificultaba como aprender a escuchar la voz de Dios. Una vez, mientras nerviosamente esperaba hablar ante una gran audiencia, y no estaba segura sobre qué tema debería de hablar, le hice rezándole al Señor esta pregunta: "Señor, ¿qué voy a decirle a toda esta gente?" En mi espíritu, le oí responder muy claramente, "Betty, yo tenía la esperanza de que no dijeras nada, ya que yo tenía muchas ganas de hablar". Sí, Él quiere hablar a través de nosotros, cuando nos entregamos a Su Espíritu. Me di cuenta que al entregarse al Señor y con la guía del Espíritu Santo no solo son posibles, sino que son el único camino que Él quiere que hagamos su ministerio. **"Porque no sois vosotros los que habláis, sino el Espíritu de vuestro Padre que habla en vosotros" (Mateo 10:20).**

Este libro es un obsequio del Espíritu Santo. No tomo ningún crédito por este libro. Si algo en estas páginas te bendice, te ilumina, te acerca a Dios, te libera del miedo o de la esclavitud, o te cura o te entrega, por favor eleva tu voz en alabanza al precioso Salvador de nuestras almas, ¡Jesucristo nuestro Señor! Si por otro lado, tú encuentras alguna de estas cosas difícil de recibir, difícil de entender, o totalmente herética desde tu punto de vista, te alentamos a buscar al Señor y preguntarle si esto podría ser la verdad. Con el corazón abierto y sincero, ¿le pedirías a Dios que te ayude a cambiar tus ideas preconcebidas, y a liberte de las tradiciones para recibir de Él, Su verdad? Su verdad siempre trae libertad, nunca la esclavitud. **"Y conoceréis la verdad, y la verdad os hará libres" (Juan 8:32)**.

Al caminar con el Señor, he encontrado que debemos obedecer las cosas que nosotros sentimos que Él nos está diciendo. En mi vida personal, yo solía tener miedo de hablar por el Señor, porque tenía mucho miedo de perderle y de cometer errores. Él, por supuesto, ahora me ha liberado de todos mis temores. ¡Alabado sea Él! Él me ha animado a no renunciar debido a los errores, cuando me dijo estas palabras: "Betty, si recibo la gloria y la alabanza por todas las cosas que son una bendición para la gente, también recibo la responsabilidad por tus errores, siempre y cuando está tratando de complacerme. Yo soy capaz de hacer incluso esta tarea para tu bien". **"Y sabemos que todas las cosas ayudan a bien a los que aman a Dios, a los que son llamados conforme a su propósito" (Romanos 8:28)**. ¡Servimos a un maravilloso, amoroso Dios, que nos anima a seguirlo y obedecerlo para que podamos ser bendecidos, y a su vez bendigamos a los demás!

Este libro fue escrito como un acto de obediencia hacia el Señor, a quien amo mucho. Considero un honor el escribir para El. Hace años, cuando estaba en oración, el Señor me dijo que yo iba a escribir un libro, pero nunca sentí que era el tiempo apropiado para Dios, ni tampoco sentí la unción para comenzar este trabajo hasta ahora. Durante el año pasado Dios ha realizado una serie de milagros para confirmar que este es el tiempo para Él, y ha realizado los arreglos para que esto sea una realidad.

Rezo para que este libro, junto con la serie de Sobreponiéndose a la Vida, pueda ayudarte a aprender como caminar más cerca de nuestro Señor, ya que Él es el ¡CRISTO ILIMITADO!

Soy por Su amor,
Un siervo del Señor,


Betty Miller
Febrero, 1980
**"Si alguno quiere hacer su voluntad, conocerá si la doctrina es de Dios, o si yo hablo de mí mismo" (Juan 7:17)**.

# Prólogo

Me pareció natural que yo escribiera la introducción de este libro ya que mi esposa, Betty, y yo, somos "una sola carne." Dios, por medio del Espíritu Santo, ha dado por revelación a Betty muchas verdades sobre Su Palabra, que han sido presentados en este libro.

El Señor le hablo a Betty hace como diez años diciéndole que ella iba a escribir un libro para Él, y que Él arreglaría el momento y el lugar correcto para escribirlo. Betty simplemente tomo esta visión y la mantuvo a un lado hasta que Dios empezó a "despertar" su espíritu para impulsarla hacia este libro. Una mañana, muy temprano, Betty se despertó, y comenzó a escribir como el Señor le iba dictando. Al darle esta pequeña porción del libro, le mostró que, a través de la entrega a su Espíritu, y el rendimiento completo a Él, Él la alimentaria con el mensaje que quiso compartir con el cuerpo de Cristo. Él también le revelo que tan rápido y fácil sería terminado el libro. Los mensajes que Dios ha dado en esta serie de Sobreponiéndose a la Vida son para todos los que quieren ser vencedores y que quieren ser "conformes a la imagen de su Hijo" **(Romanos 8:29)**. Nuestro Señor no está satisfecho de que una persona siga siendo un "bebé" en Cristo, pero anhela que cada "bebé" crezca y llegue a la madurez. Él desea que debiéramos tratar de convertirnos en vencedores, vivir la vida que vence, y reclamar las promesas de la herencia de todas las cosas que han de entregarse a los vencedores.

Agradezco a Dios que Él me ha permitido compartir tal amor tan estrecha y la compañía de Betty. Yo sé que dentro de su corazón, ella no tiene ambiciones personales, no con fines personales para lograr esta obra. Betty simplemente ha estado haciendo la voluntad del Padre en la redacción de este libro ungido. Que el Señor te bendiga con este libro, como Él nos ha bendecido al ser parte de Su obra.

Suyo en Cristo,

Pastor R.S. "Bud" Miller

**"El que venciere heredará todas las cosas; y yo seré su Dios y él será mi hijo" (Apocalipsis 21:7).**

# Créditos y Reconocimientos

¡Toda la alabanza y mérito es para **el Cristo Ilimitado**!

Verdaderamente Cristo, el Padre, y el Espíritu Santo son merecedores de alabanza, no sólo por este libro, sino por nuestras propias vidas. Su sacrificio en el Calvario hizo posible conocer a Él y a todos los miembros de la familia de Dios.

Al igual que con la impresión de cualquier libro, hay una gran cantidad de gente responsable por las palabras en estas páginas, palabras físicas así como a las palabras espirituales. Todas las personas que alguna vez han sido parte de mi vida, todas las personas que han orado y apoyado este ministerio, mis amigos y mi familia han realmente contribuido con esta obra. Especial crédito se debe dar a mi marido, Bud, puesto que sus fieles y oraciones amorosas, su ánimo, y liderazgo, y su amor son una gran parte de este libro. Además, quiero expresar mi gratitud a todos cuyos libros y artículos he leído, a los ministros del Evangelio, cuyos sermones he escuchado, ya que cada uno de ellos ha contribuido, en cierta medida, a este libro. La lista es interminable, pero la eternidad tiene los registros. Así que en lugar de nombrar a las personas individualmente en esta página y darles crédito terrenal, prefiero que el Señor Jesucristo recompense a cada uno, de la manera que sólo Él puede hacerlo. Que Dios los bendiga a todos, y que se sorprendan al abrir la caja que contiene sus tesoros celestiales.

**"Porque el Hijo del Hombre vendrá en la gloria de su Padre con sus ángeles, y entonces pagará a cada uno conforme a sus obras" (Mateo 16:27).**

# Introducción

*Ni Hombre Ni Mujer* es el séptimo libro dentro de la **Serie de Sobreponiéndose a la Vida** y trata con muchos asuntos sobre lo que refiere al papel de la mujer dentro de la iglesia, además de muchas preocupaciones relacionadas con la mujer. Este libro junto con su cuaderno de trabajo, analiza algunos de los asuntos de hombres y mujeres que enfrenta la iglesia hoy en día, tales como: "¿Quién es el jefe espiritual y la cobertura espiritual de la mujer?" y "¿Llama Dios a las mujeres a los cinco ministerios?" También averigua lo que la Palabra de Dios dice acerca del divorcio, celibato, escoger a una pareja para casarse, y otros temas relacionados con la mujer.

El movimiento feminista en el mundo que está afirmando los derechos de la mujer no es la manera en que Dios libera a Sus mujeres. ¡Muchas de estas mujeres están enojadas y son demandantes! Cuando el Espíritu Santo llama a una mujer al ministerio, se convierten en siervas sumisas del Señor. *Ni Hombre Ni Mujer* da referencias bíblicas y ejemplos de muchas mujeres que Dios usó en la Biblia.

Este libro también ayuda a la mujer a tener la relación correcta con su esposo e hijos. Solamente Dios puede verdaderamente liberar a Sus mujeres para servir a Él y convertirse en todo lo que Él desea que sean como esposas y madres.

# Ni Hombre Ni Mujer

"Ya no hay judío ni griego; no hay esclavo ni libre; no hay hombre ni mujer; porque todos vosotros sois uno en Cristo Jesús" (Gálatas 3:28).

## La verdadera liberación de la mujer

Un tema que ha causado mucha controversia en este tiempo entre los cristianos se refiere al lugar que ocupa la mujer en la iglesia. Como con cualquier otro tema controversial, debemos mirar la Palabra de Dios para la respuesta, dejando de lado tradicionales enseñanzas y preconceptos. La Palabra de Dios es siempre la autoridad final en todo tema.

¿Qué dice Su Palabra sobre las mujeres que ministran, enseñan y se someten a los hombres? En esta hora, el movimiento de Liberación de la mujer ha teñido la verdad del lugar real de la mujer en el reino de Dios. Ha degradado la femineidad, destruyendo el respeto que la mujer debería tener por su elevada posición. El Señor ha levantado a la mujer caída, otorgándole no sólo un hermoso papel en la vida familiar sino que además ha puesto ante ella el privilegio de acceder a la vida victoriosa en El. A causa de las falsas normas en el mundo, ahora es competitiva, ambiciosa, una criatura superficial. Pero el Señor tiene un plan digno no sólo para la mujer sino para todos los que sigan a Él.

El movimiento de Liberación de la mujer puso cargas más grandes sobre las mujeres en vez de librarlas, puesto que sostienen una serie de cosas pecaminosas a los ojos de Dios. El aborto es un terrible pecado de muerte, aunque millones de mujeres hayan cometido este crimen, muchas sin darse cuenta de la tremenda **maldición**, culpa y enfermedad emocional que le acompañan. El movimiento de Liberación de la mujer no sólo apoya el aborto sino también otras llamadas libertades de elección e igualdad de derechos que son abominación a Dios.

La única forma en que una mujer puede ser libre es entregando la vida al Señor Jesucristo y caminando en Su libertad y auténtica liberación. Leemos sobre grandes mujeres en la Biblia cuyas vidas aún nos inspiran como un modelo de mujeres de Dios. El movimiento de

Liberación de la mujer es la imitación burda de lo que Él tiene para aquellas mujeres que deciden seguirle.

## Hombre y mujer Él los creó

Jesús hizo algo muy hermoso para las mujeres mediante Su sacrificio en el Calvario. Las redimió de la maldición de la ley y las liberó para que accedan a la posición original que Él pensó para ellas. Toda la humanidad estaba bajo maldición por la desobediencia del primer hombre y la primera mujer; sin embargo, Dios abrió un camino a través de otro hombre -- Jesucristo -- para redimir al ser humano de la maldición.

Cuando la Biblia habla del hombre, alude tanto al hombre como a la mujer ya que ambos integran la "humanidad". **"Y creó Dios al hombre a su imagen, a imagen de Dios lo creó; hombre y hembra los creó"** (Génesis 1:27). **"Hombre y hembra los creó; y los bendijo, y llamó el nombre de ellos Adán, el día en que fueron creados"** (Génesis 5:2). No era la intención de Dios que el hombre cayera bajo maldición pero, por su desobediencia, la consecuencia fue el pecado, y la pena del pecado era la maldición. En Su misericordia, Dios proveyó un camino para que la humanidad se levantara de su "caída" y pudiera ser restituida a su verdadero destino; todo esto porque Él aún amaba al hombre y aún le ama.

**"Porque por cuanto la muerte entró por un hombre, también por un hombre la resurrección de los muertos. Porque así como en Adán todos mueren, también en Cristo todos serán vivificados"** (1 Corintios 15:21 y 22).

**"Así también está escrito: Fue hecho el primer hombre Adán alma viviente; el postrer Adán, espíritu vivificante. Mas lo espiritual no es primero, sino lo animal; luego lo espiritual. El primer hombre es de la tierra, terrenal; el segundo hombre, que es el Señor, es del cielo. Cual el terrenal, tales también los terrenales; y cual el celestial, tales también los celestiales. Y así como hemos traído la imagen del terrenal, traeremos también la imagen del celestial. Por esto digo, hermanos; que la carne y la sangre no pueden heredar el reino de Dios, ni la corrupción hereda la incorrupción"** (1 Corintios 15:45-50).

La primera revelación necesaria respecto de las mujeres es que todas están malditas -- junto con los hombres -- y no pueden sobreponerse a tal maldición hasta recibir a Jesús en el corazón. "La carne y la sangre no pueden heredar el reino de Dios". La única manera en que un hombre o una mujer pueden "traer la imagen celestial" es "naciendo de nuevo". Una vez que nacemos en el reino de Dios, nos convertimos en nuevas criaturas en Cristo. En el Espíritu vemos entonces que "no hay hombre ni mujer", así como no hay distinciones de raza ni clases sociales. El Señor mira el corazón de Sus nuevas criaturas y no discrimina al dar Su amor y Sus privilegios. Las mujeres no están excluidas de ninguna de las promesas divinas ni de Sus llamamientos a causa del sexo.

## Mujeres en el ministerio

La tradición ha tratado de excluir a la mujer de ciertos ministerios, pero la Palabra de Dios no. Los que son dogmáticos para dejar fuera a la mujer de algunos ministerios divinos, generalmente no andan en el Espíritu porque ven a la mujer según la carne -- considerando su sexo -- y no según el Espíritu -- viendo el corazón y el llamamiento. El Señor advierte en Su Palabra que no debemos mirarnos unos a otros tomando en cuenta el sexo, la raza, la clase social o la cultural sino mirarnos a través de los ojos espirituales.

**"De manera que nosotros de aquí en adelante a nadie conocemos según la carne; y aun si a Cristo conocimos según la carne, ya no lo conocemos así. De modo que si alguno está en Cristo, nueva criatura es; las cosas viejas pasaron; he aquí todas son hechas nuevas. Y todo esto proviene de Dios, quien nos reconcilió consigo mismo por Cristo, y nos dio el ministerio de la reconciliación; que Dios estaba en Cristo reconciliando consigo al mundo, no tomándoles en cuenta a los hombres sus pecados, y nos encargó a nosotros la palabra de reconciliación. Así que somos embajadores en nombre de Cristo, como si Dios rogase por medio de nosotros; os rogamos en nombre de Cristo: Reconciliaos con Dios" (2 Corintios 5:16-20).**

Dios quiere usar a toda persona que se rinde a Su Espíritu sin importar sexo o capacidades, porque la nueva criatura tiene Sus capacidades. La palabra "hombre" de los versículos anteriores, según se usa en el original griego, no significa sexo masculino sino "toda la humanidad". Por tanto, Él no sólo ha llamado a los hombres a ministrar la palabra de reconciliación sino además a las mujeres. Embajadores son los enviados en una misión representando a quien les envía. Si nos envía Cristo, somos entonces Sus representantes.

Muchas dificultades que surgen con las mujeres que ministran se deben a que algunas no fueron enviadas, sino que lo han hecho por sí mismas. Pero si son enviadas por Dios, les impartirá poder y las equipará para la tarea a la que fueron llamadas. Lo mismo vale para los hombres que intentan ministrar sin que el Señor los envíe y los equipe. Muchas enseñanzas tradicionales prohibían a las mujeres que enseñaran, basándose en dos versículos aislados**: 1 Corintios 14:34 y 1 Timoteo 2:11-12**, ignorando muchos otros que enseñan otra cosa. Trataremos este tema más adelante. Siempre ha sido una extraña doctrina la que permite a las mujeres ir en misiones a tierras extranjeras y enseñar a los paganos, pero no les permite enseñar a los "paganos" que están aquí en América, tan sólo por ser mujeres. Esto deriva de la incomprensión de la totalidad del consejo divino acerca de la posición de la mujer en la iglesia. No tiene sentido pensar que una mujer que conoce la Palabra no pueda enseñar a un hombre que la desconoce.

Nuestro problema es que debemos ver que hay reglas para el hombre carnal o terrenal y otras para el hombre espiritual. Debemos discernir cuando aplicar la escritura apropiada. **2 Timoteo 2:15** nos advierte, **"Procura con diligencia presentarte a Dios aprobado, como obrero que no tiene de qué avergonzarse, que usa bien la palabra de verdad".** En el Espíritu, las mujeres son iguales a los hombres, y cada uno debe someterse a Jesús como cabeza espiritual. En la carne, en la relación conyugal, las mujeres deben sujetarse al liderazgo del esposo. El Señor ha ordenado que sea el hombre quien tome las decisiones finales en el hogar porque, en toda relación de dos personas, siempre una debe ser autoridad final. En el matrimonio, o relación carnal, el hombre es la cabeza y debe conducir el hogar y la familia. En el espíritu, Jesucristo es la cabeza de Su familia y guía a cada miembro de acuerdo con Su supremacía.

**"Someteos unos a otros en el temor de Dios. Las casadas estén sujetas a sus propios maridos, como al Señor; porque el marido es cabeza de la mujer, así como Cristo es cabeza de la iglesia, la cual es su cuerpo, y él es su Salvador. Así que, como la iglesia está sujeta a Cristo, así también las casadas lo estén a sus maridos en todo. Maridos, amad a vuestras mujeres, así como Cristo amó a la iglesia,**

y se entregó a sí mismo por ella, para santificarla, habiéndola purificado en el lavamiento del agua por la palabra, a fin de presentársela a sí mismo, una iglesia gloriosa, que no tuviese mancha ni arruga ni cosa semejante, sino que fuese santa y sin mancha. Así también los maridos deben amar a sus mujeres como a sus mismos cuerpos. El que ama a su mujer, a sí mismo se ama. Porque nadie aborreció jamás a su propia carne, sino que la sustenta y la cuida, como también Cristo a la iglesia, porque somos miembros de su cuerpo, de su carne y de sus huesos. Por esto dejará el hombre a su padre y a su madre, y se unirá a su mujer, y los dos serán una sola carne. Grande es este misterio; mas yo digo esto respecto de Cristo y de la iglesia. Por lo demás, cada uno de vosotros ame también a su mujer como a sí mismo; y la mujer respete a su marido"** (Efesios 5:21-33).

La sumisión al marido no significa ser una esclava de ese hombre, sino más bien habla de una mutua sumisión en amor. En el **versículo 21** del párrafo anterior dice que debemos someternos unos a otros, lo cual significa "entregarse", "rendirse", "ponerse uno mismo bajo". De esta definición se deduce que debemos darnos uno al otro, no exigir nuestro propio camino.

El amor debe ser la regla en nuestro hogar, prefiriéndonos uno al otro. Esto no es sólo para el hogar sino también para la iglesia. **"Amaos los unos a los otros con amor fraternal; en cuanto a honra, prefiriéndoos los unos a los otros" (Romanos 12:10).** Tanto marido como mujer deberían ser sumisos y amorosos. El amor de Cristo debería ser la regla en nuestro hogar. Cuando se enfatiza en exceso la sumisión de la esposa pueden aparecer problemas diversos que desequilibran la relación conyugal. Algunos llegan al punto de decir que la esposa debe obedecer todas las órdenes del marido, y llegan a semejante conclusión basados en **Efesios 5:24, "Así que, como la iglesia está sujeta a Cristo, así también las casadas lo estén a sus maridos en todo".** La palabra "todo" no incluye lo malo. Las mujeres deben someterse al marido "como" la iglesia se somete a Cristo, quien jamás pediría algo que contradijera la Palabra de Dios. Las mujeres nunca deben someterse a lo que no esté de acuerdo con la Palabra de Dios.

Un ejemplo perfecto es el relato del Nuevo Testamento acerca de Ananías y Safira. El **capítulo 5 de Hechos** registra como esta pareja conspiró para retener lo que habían acordado dar a la iglesia. La iglesia no les había pedido nada, fue decisión propia contribuir con el dinero de la venta de su propiedad. Al venderla, decidieron guardar una parte del dinero. Cuando Ananías dio el dinero a los apóstoles, mintió diciendo que era la cantidad total. El Espíritu Santo reveló a Pedro esa mentira y que Satanás había entrado en el corazón de Ananías. Por mentir a Dios, instantáneamente cayó muerto a los pies del apóstol. Más tarde apareció Safira, diciendo la misma mentira y también cayó muerta a los pies del apóstol. Si no se hubiera sometido al marido, acordando lo malo, habría salvado la vida. Sin embargo, siguió los pasos de él y tuvo idéntico fin. Esto muestra claramente que someterse a la maldad que hay en la vida del esposo sólo causa destrucción para la mujer.

## La verdadera sumisión

Hay escrituras que nos guían en cuanto hasta dónde un ser humano se someterá a otro. La primera sumisión deberá ser al Señor. **"Jesús le dijo: Amarás al Señor tu Dios con todo tu corazón, y con toda tu alma, y con toda tu mente"** (Mateo 22:37). Si un hombre, o un esposo, o quien sea nos pidiera hacer algo que Jesús no aprueba, no debemos hacerlo. Deberíamos hacer y aplicar aquellas cosas que el Espíritu Santo nos hable. Obedezcamos a Él por encima de lo que el hombre pueda decirnos. Si realmente el Señor nos habla, se encargará del esposo quien está equivocado.

**"Y llamándolos, les intimaron que en ninguna manera hablasen ni enseñasen en el nombre de Jesús. Mas Pedro y Juan respondieron diciéndoles: Juzgad si es justo delante de Dios obedecer a vosotros antes que a Dios; porque no podemos dejar de decir lo que hemos visto y oído"** (Hechos 4:18-20).

Si estamos sometidas al Señor y nuestro esposo pide algo quo sentimos que no es de Él, entreguemos el asunto al Señor pidiendo Su sabiduría para saber cómo actuar. Oremos por nuestro marido pidiendo al Señor que le hable si está equivocado, pero también deberíamos disponernos a ser corregidas porque podemos ser nosotras las equivocadas. Es importante pedir al Espíritu Santo que solucione el conflicto y trate con la parte equivocada. Ambos cónyuges tendrían que estar dispuestos a cambiar su opinión.

El Espíritu Santo habitualmente no pide a la mujer que haga algo que la lleve a desobedecer al esposo causando conflicto en el hogar. La mayoría de las mujeres con problemas para someterse al marido tienen idéntica dificultad para someterse al Señor. Nuestra relación con el Señor se notará en las actitudes no sólo con el esposo y los hijos, sino además con las otras personas. Si agradamos al Señor y le obedecemos, tendremos favor con la gente. Aquellos que no nos entienden y con malevolencia se burlan de nosotros, tendremos la gracia de Dios de soportar tal persecución y el amor del Señor por ellos para perdonarlos.

La Palabra de Dios ofrece diversos relatos donde evidentemente se enseña sumisión a Él por encima de la sumisión al marido. Uno muy conocido es el que habla de María, la madre de Cristo (**Lucas 1:26-38; Mateo 1:18-25**). Se rindió aceptando lo que Dios le pedía hacer, sin preguntar a José qué pensaba. En realidad, él quiso dejarla al saber que estaba embarazada. Seguramente María trató de explicarle que el bebé había sido concebido por el Espíritu Santo, pero no pudo aceptar aquellas palabras hasta que el Señor envió un ángel para confirmarle que María había escuchado y obedecido a Dios. Es un caso en el cual la mujer se somete al Señor en primer lugar, y luego Él trata con la otra parte mostrándole que la mujer había oído Sus palabras.

A lo largo de la Biblia encontramos relatos de Dios hablando a las mujeres antes que al marido. Pedro habla de Sara como una esposa modelo, y dice en **1 Pedro 3:5 y 6, "Porque así también se ataviaban en otro tiempo aquellas santas mujeres que esperaban en Dios, estando sujetas a sus maridos; como Sara obedecía a Abraham, llamándole señor; de la cual vosotras habéis venido a ser hijas, si hacéis el bien, sin temer ninguna amenaza"**. Pero **Génesis 16:5 y 6** muestra otra cara de la misma moneda, porque habla de un desacuerdo entre Sara y Abraham. En esta ocasión, Abraham concedió y permitió hacer a Sara lo que ella quería. Y Dios la justificó por esto en **Génesis 21:10-12** donde la cuestión reaparece. Dios dijo a Abraham que obedeciera a Sarah, **"Por tanto, dijo a Abraham: Echa a esta sierva y a su hijo, porque el hijo de esta sierva no ha de heredar con Isaac mi hijo. Este dicho pareció grave en gran manera a Abraham a causa de su hijo. Entonces dijo Dios a Abraham: No te parezca grave a causa del muchacho y de tu sierva; en todo lo que te dijere Sara, oye su voz, porque en Isaac te será llamada descendencia"**.

Cuando las Escrituras hablan de las esposas que obedecen y se someten al marido, no significa que "cada esposa" deba obedecer "siempre" al esposo en "todas" las cosas. Ella, como él, es responsable de obedecer lo que el Espíritu Santo le indica que haga. El marido no guía a la mujer a toda verdad, porque ésta es la obra del Espíritu Santo. Esto no autoriza a una mujer de espíritu dominante a hacer lo que quiera simplemente porque diga "Sólo me someto al Señor". A Dios le desagrada toda persona que intente dominar y gobernar la vida de otro, sea hombre o mujer. Nada hay peor que una esposa dominante que vive regañando. **Proverbios 21:9** dice que, **"Mejor es vivir en un rincón del terrado que con mujer rencillosa en casa espaciosa"**. Algunas predicadoras se han vuelto despóticas y dominantes, y es muy desagradable escucharlas. No es que la prédica esté equivocada, sino que el espíritu dictatorial y dominante que las controla es lo que está mal. Esta clase de espíritu no viene del Señor, tanto en un hombre como en una mujer.

Lo primero que una mujer debe hacer en respecto de seguir y obedecer lo que siente que el Señor le dice que haga, es estar segura de que viene de Él. Si es del Señor, Él las justificará como lo hizo con Sara y otras mujeres en la Biblia. Si no es de Él, la mujer estará causándose muchos problemas, con el esposo y otras personas.

Las solteras no están bajo la supremacía de ningún hombre porque no mantienen relación carnal con el hombre. Su cabeza es Jesucristo, y a esta unión deben sujetarse. **"Así también vosotros, hermanos míos, habéis muerto a la ley mediante el cuerpo de Cristo, para que seáis de otro, del que resucitó de los muertos, a fin de que llevemos fruto para Dios" (Romanos 7:4).**

La mayoría de las mujeres cristianas experimenta dos matrimonios. Están casadas con Cristo y casadas con el esposo. Uno es un matrimonio espiritual, el otro carnal o terrenal. Deben ser obedientes a ambos. Si van a obedecer a la cabeza espiritual, no serán desobedientes a la cabeza física, aun cuando ello esté en oposición a lo que el marido ordena, porque Dios tratará con él. Algunas mujeres están unidas en yugo desigual y tienen dificultades para someterse a los deseos del esposo impío. Deben obedecer en tanto esto no signifique desobediencia a Cristo. No tienen que obedecer si es malo moral o espiritualmente hablando.

Un relato bíblico se encuentra en **1 Samuel 25:4-42**. Abigail era una mujer que conocía a Dios, estaba casada con Nabal, un hombre impío. Supo que su marido rehusaba entregar ciertos presentes a los hombres de David, poniendo así en peligro a toda la casa. Por decisión propia tomó alimentos y bebida y, dirigió al encuentro de David. Abigail era sabia y, al desobedecer al esposo, le salvó la vida porque David lo habría matado. No sólo salvó la vida de Nabal sino también la propia y la de toda la casa, así como sus posesiones. También halló gracia con David y con Dios. Su perverso marido murió poco después, y su corazón era como una piedra hacia Dios. Era hijo de Belial, otro nombre para Satanás.

"**Ahora, pues, reflexiona y ve lo que has de hacer, porque el mal está ya resuelto contra nuestro amo y contra su casa; pues él es un hombre tan perverso, que no hay quien pueda hablarle. Entonces Abigail tomó luego doscientos panes, dos cueros de vino, cinco ovejas guisadas, cinco medidas de grano tostado, cien racimos de uvas pasas, y doscientos panes de higos secos, y lo cargó todo en asnos. Y dijo a sus criados: Id delante de mí, y yo os seguiré luego; y nada declaró a su marido Nabal...Y recibió David de su mano lo que le había traído, y le dijo: Sube en paz a tu casa, y mira que he oído tu voz, y te he tenido respeto. Y Abigail volvió a Nabal, y he aquí que él tenía banquete en su casa como banquete de rey; y el corazón de Nabal estaba alegre, y estaba completamente ebrio, por lo cual ella no le declaró cosa alguna hasta el día siguiente. Pero por la mañana, cuando ya a Nabal se le habían pasado los efectos del vino, le refirió su mujer estas cosas; y desmayó su corazón en él, y se quedó como una piedra**" (1 Samuel 25:17-19 y 35-37).

Otra narración sobre una mujer moviéndose en fe y responsable de la salvación de toda su casa, es la de Rahab la ramera en los **capítulos 2 y 6 de Josué**. Los hombres de su familia no tenían fe ni valor para buscar la liberación. "**Mas Josué salvó la vida a Rahab la ramera, y a la casa de su padre, y a todo lo que ella tenía; y habitó ella entre los israelitas hasta hoy, por cuanto escondió a los mensajeros que Josué había enviado a reconocer a Jericó**" (Josué 6:25).

Las mujeres que se mueven en obediencia y fe en Dios pueden hoy ser responsables de la salvación de su familia. La oración puede traer familias enteras hacia Dios, aunque al principio sus miembros objeten los temas espirituales. Más tarde estarán agradecidos por la eternidad porque alguien persistió en fe creyendo en su salvación. Sería una revelación grandiosa tener un inventario de los hombres que han conocido a Jesús como resultado de la fe de alguna mujer. Se han escuchado miles de testimonios de aquellos que fueron salvos como consecuencia directa de las plegarias de su madre, la esposa, una novia, una hija, alguna amiga creyente. Eva, la primera mujer, guío al hombre al camino equivocado pero, desde entonces, Dios usó muchas mujeres para traer nuevamente a los hombres hacia Él. Qué privilegio creer que toda nuestra familia será salva. La lealtad y la sumisión al Señor trae milagros de la liberación.

## La sumisión fuera de equilibrio

La sumisión ha estado fuera de equilibrio en dos sentidos, trayendo mucha confusión al cuerpo de Cristo. Los que rehúsan someterse a cualquier autoridad están tan fuera de equilibrio como quienes se someten a cualquier dictamen de los que consideran sus superiores, sin tomar en cuenta de qué se trata. Debemos buscar el liderazgo del Espíritu Santo en todas las áreas de la vida. Los enfoques legalistas de la Palabra de Dios siempre generan esclavitud. La carta de Pablo a los gálatas era una reprimenda a esa gente que estaba apartándose de la simplicidad del evangelio para retomar reglas y normas estrictas.

Hoy tenemos el mismo problema en la iglesia ya que algunos están endurecidos y se han vuelto dogmáticos en el trato con la verdad y las personas. Se pide sumisión al pueblo de Dios, pero jamás al punto de que la vida de hombres y mujeres esté gobernada por otras personas. Muchos abusos se cometieron en cuanto a la autoridad de la iglesia. Algunos pastores se volvieron dictadores mientras otros se hicieron tan permisivos -- todo en nombre del amor, que se perdió el orden en la iglesia. En el cuerpo de Cristo, sin orden sólo hay caos. Debe respetarse al pastor y a los otros líderes del cuerpo de Cristo. Todo enfoque legalista causa esclavitud y no ejecuta los deseos de Dios. Los auténticos pastores del Señor guían Su rebaño en amor y con el ejemplo. **"No como teniendo señorío sobre los que están a vuestro cuidado, sino siendo ejemplos de la grey" (1 Pedro 5:3).** Esta es la clase de líderes y pastores que Él ha elegido para guiar a Su pueblo.

Si estás en una zona donde no hay este tipo de ministerio, puede orar para que el Señor envíe a una persona con corazón como el Suyo. Mientras tanto, Dios puede valerse de buenos libros y grabaciones que aportarán vida espiritual. El Señor te puede dar los cinco ministerios, por ejemplo, mientras permaneces bajo estas enseñanzas y aprendes, hasta que llegue ese líder. Somos bendecidos en este tiempo en que vivimos, teniendo la disponibilidad de libros escritos por los ministros de todos los tiempos, podemos aprender mucho leyéndolos. Aunque por supuesto nuestra más grande y mejor herramienta para enseñar y aprender es la Palabra de Dios, y nuestro grandioso maestro es el Espíritu Santo.

El plan de Dios para todo el pueblo Suyo es que cada uno de nosotros sea miembro de un cuerpo local. Si su corazón clama sinceramente por un buen pastor, el Señor va a darte a uno o lo desarrollará a uno en el lugar donde vive. Puede ser un grupo pequeño, pero Dios no toma en cuenta el tamaño; lo importante para Él son las relaciones y la actitud de sumisión. Dice **Mateo 18:20, "Porque donde están dos o tres congregados en mi nombre, allí estoy yo en medio de ellos".**

## Sumisión a los auténticos líderes

Los verdaderos ministros de Dios son aquellos a los cuales debemos someternos, tal como dice Su Palabra.

**"Obedeced a vuestros pastores, y sujetaos a ellos; porque ellos velan por vuestras almas, como quienes han de dar cuenta..." (Hebreos 13:17). "Igualmente, jóvenes, estad sujetos a los ancianos; y todos, sumisos unos a otros, revestíos de humildad; porque Dios resiste a los soberbios, y da gracia a los humildes" (1 Pedro 5:5).**

El mandato es someterse a los líderes, pero no se refiere a quienes generalmente llamamos ancianos en la iglesia, sino a los que son mayores y más entendidos en el Señor. Dios usa a las mujeres líderes para guiar a los jóvenes, tanto varones como niñas, porque no tiene sentido que un creyente joven instruya a una mujer que ya ha caminado con el Señor por años, simplemente porque es de sexo masculino. La Palabra de Dios demanda respeto por los líderes, tanto hombres como mujeres. **"No reprendas al anciano, sino exhórtale como a padre; a los más jóvenes, como a hermanos; a las ancianas, como a madres; a las jovencitas, como a hermanas, con toda pureza" (1 Timoteo 5:1 y 2).** Dios usa navíos que han madurado en Él para ayudar a otros a lograr madurez.

**"Ruego a los ancianos que están entre vosotros, yo anciano también con ellos, y testigo de los padecimientos de Cristo, que soy también participantes de la gloria que será revelada: Apacentad la grey de Dios que está entre vosotros, cuidando de ella, no por fuerza,**

sino voluntariamente; no por ganancia deshonesta, sino con ánimo pronto" (1 Pedro 5:1 y 2).

## El ministerio de cinco partes

"El Señor le dio a la iglesia unos dones de su elección en forma de hombres y mujeres que daría lugar a la iglesia quienes guiaría la iglesia a la perfección" (Efesios 4:8-12).

Dios es quien llama hombres y mujeres a Su ministerio. No llama gente especial sino que Su llamado alcanza a todo el que esté dispuesto a seguirlo. En primer lugar, somos llamados a la salvación; luego, al caminar en obediencia, nos llama nuevamente para bautizarnos en el Espíritu Santo. Al permanecer obedientes y seguirlo, Dios puede elegiros para servir en un ministerio de tiempo completo. El Señor elige las personas para el ministerio entre las que fueron fieles y obedientes a Sus otros llamados. Dios anhela que todos sigamos Sus caminos, pero sólo "elige" a los obedientes. Los hombres y mujeres que respondieron al llamado, a quienes Jesús mismo pone en el ministerio. La ordenación por parte de un hombre no los califica, sino sólo la ordenación de Dios. La gente reconocerá a los que son verdaderamente llamados por Él, incluso reconocerá a las mujeres llamadas por Dios porque es Él quien les imparte gracia con Su unción y poder.

Dios usa muchas mujeres en este tiempo, así como usó aquellas mencionadas en la Biblia. Madame Guyon, Jessie Penn-Lewis, Aimee Semple McPherson y Kathryn Kuhlman son apenas unos pocos ejemplos de mujeres en la extensa lista de los grandiosos dones de los cinco ministerios impartidos a la iglesia. ¿Cuáles son esos dones y cuales los ministerios? **"Y el mismo constituyó a unos apóstoles; a otros, profetas; a otros, evangelistas; a otros, pastores y maestros" (Efesios 4:11).** Cuando la Escritura dice, "designó y dio a los hombres a nosotros", esto no significa que solo el sexo masculino. El mismo hombre que Dios creó en el principio -- hombre y mujer – es al que se menciona en esta ocasión. Un hombre que es tanto masculino como femenino, teniendo ambos la responsabilidad de conducir a otros a la madurez que ellos ya alcanzaron. **Efesios 4:12 y 13** prosigue, **"A fin de perfeccionar a los santos para la obra del ministerio, para la edificación del cuerpo de Cristo, hasta que todos lleguemos a la**

**unidad de la fe y del conocimiento del Hijo de Dios, a un hombre perfecto, a la medida de la estatura de la plenitud de Cristo".**

El Señor tiene muy elevadas intenciones para Sus hombres y mujeres, anhela que logren la perfección y madurez en que Cristo caminó. Él envía a Sus elegidos para que tal perfección y madurez puedan alcanzarse. Si crecimos en una iglesia tradicional, la idea de acceder a la perfección sonará imposible, y no podremos comprender la plena intención divina para Su cuerpo. La separación de laicos y clérigos no es parte del plan de Dios para Su pueblo. Todos los llamados a la salvación, son llamados a un ministerio de tiempo completo en el Señor. No significa que todos deben abandonar sus ocupaciones seculares, sino que todos deben dedicar la vida al Señor y comprometerse y estar activos para testificar, aprender y crecer en Dios como los líderes.

El liderazgo que Dios levanta son hombres y mujeres que Él entrena para Su obra en el reino. En las iglesias tradicionales nos limitamos a ciertas posiciones que los hombres pueden darnos, pero el Señor está restituyendo Su quinto ministerio en estos días postreros para preparar al cuerpo de Cristo para Su regreso.

## Ministerio de apóstol

El primer ministerio mencionado es el de apóstol. Al oír esta palabra, tal vez pensemos solamente en los primeros doce apóstoles que anduvieron con Jesús y también en el apóstol Pablo. Sin embargo, a través de las edades, Dios siempre ha tenido Sus apóstoles y los tiene hoy. En griego, el significado de la palabra "apóstol" es "uno que es enviado". Todo aquel que Dios envíe para establecer Su reino y realizar una misión especial ordenada por Dios es ciertamente un apóstol. Hombre y mujeres de Dios que no tienen que decir a otros cuál es su posición porque el cuerpo de Cristo reconoce el poder y la unción que hay en ellos. Puede sonar extraño el pensar que las mujeres puedan ser apóstoles, pero si están "enviadas" por Dios, están calificadas. Pablo no sólo fue llamado a ser apóstol sino que además recibió una función especial para hacer milagros que lo distinguía como apóstol de Dios ordenado por Él. Tenía un mensaje especial y una función especial.

**"Pablo, siervo de Jesucristo, llamado a ser apóstol, apartado para el evangelio de Dios" (Romanos 1:1). "Y hacía Dios milagros extraordinarios por mano de Pablo" (Hechos 19:11).**

# Ministerio de profeta

El profeta es otra de las posiciones que se enumera como parte del quíntuple ministerio. La mujer que predica y comunica la Palabra de Dios y Su voluntad se conoce como profetisa. Profetas y profetisas hablan palabras divinas bajo la unción del Espíritu Santo.

En esta posición, la persona recibe conocimiento y percepción de hechos futuros. Los profetas son usados para identificar el tiempo de los acontecimientos proféticos y también les son dados palabras de advertencia cuando el juicio está eminentemente cercano. La Palabra de Dios predice que en los últimos días Él usaría mujeres en este ministerio y también hombres.

**"Y en los postreros días, dice Dios, derramaré de mi Espíritu sobre toda carne, y vuestros hijos y vuestras hijas profetizarán; vuestros jóvenes verán visiones, y vuestros ancianos soñarán sueños; y de cierto sobre mis siervos y sobre mis siervas en aquellos días derramaré de mi Espíritu, y profetizarán" (Hechos 2:17 y 18).**

Dios está derramando Su Espíritu sobre toda carne, masculina y femenina, blanca y negra, jóvenes y ancianos, ricos y pobres. ¿Qué haremos con el Espíritu que recibimos? Compartir con otros la maravillosa salvación que tenemos en Cristo Jesús.

Mi llamado personal al ministerio llegó como una sorpresa a mi vida. No esperaba que el Señor me usara porque no me había dado cuenta de que Dios usa a las mujeres en el ministerio. Cuando llegó, aún practicaba la medicina. Había sido llena del Espíritu Santo y, por la tremenda transformación en mi vida, ansiaba compartir tan hermosa bendición. Conocía al Señor desde los doce años; pero, no lo había conocido en el poder del Espíritu. Después de mi bautismo en el Espíritu Santo, descubrí una nueva fortaleza espiritual desconocida hasta ese día. Me descubrí dando testimonio y compartiendo con todo aquel que me escuchara. Anhelaba que todos supieran de mi nuevo gozo, el amor, la paz, mi fe. No intentaba andar el camino que me hiciera predicadora, en realidad ni siquiera sabía que existía. Simplemente, me encontré predicando. Todos los que conocemos a Cristo deberíamos ser predicadores, dado que predicar es tan sólo compartir las buenas nuevas de Jesucristo. El clero no debería ser el único que predica, porque es la responsabilidad de cada miembro del cuerpo de Cristo.

Cuando el Señor me habló de Su plan para mi vida, de inmediato pensé en n numerosas objeciones. La primera objeción fue que "yo soy una mujer". ¿Cómo podría Él usarme? Dije que no tenía esa clase de testimonio grandioso, tremendo que haría que la gente me escuchara. Él me dijo, "Betty, no es tu testimonio lo que hará que te escuchen, sino Mi Espíritu y Mi unción". Dios entonces me ministró de una manera muy bella para mostrarme en Su Palabra que era escritural que las mujeres ministraran. La mayoría de estas verdades se incluyen en este libro. Nuestra confusión con el ministrar de las mujeres viene de la malinterpretación del consejo completo de la Palabra de Dios. El verso con el cual comienza este capítulo es uno de los que Él me reveló, "**... no hay hombre ni mujer...**" en el Espíritu. En el cielo no habrá sexo; de modo que, si caminamos ahora en el Espíritu, no estaremos pendientes del sexo sino solamente del Espíritu de Dios. "**Porque en la resurrección ni se casarán ni se darán en casamiento, sino que serán como los ángeles de Dios en el cielo**" (**Mateo 22:30**).

Si el Espíritu de Dios habla a través de alguna persona, sea hombre o mujer, escuchemos. Pero debemos ser capaces de discernir cuando habla la carne. En la Biblia se mencionan numerosas profetisas que dieron palabra de Dios. María y Elisabet profetizaron en el **capítulo 1 de Lucas**. Y **Lucas 2:36-38** nombra a otra profetisa, "**Estaba también allí Ana, profetisa, hija de Fanuel, de la tribu de Aser, de edad muy avanzada, pues había vivido con su marido siete años desde su virginidad, y era viuda hacia ochenta y cuatro años; y no se apartaba del templo, sirviendo de noche y de día con ayunos y oraciones. Esta, presentándose en la misma hora, daba gracias a Dios, y hablaba del niño a todos los que esperaban la redención en Jerusalén**".

Esta mujer de Dios tenía el respaldo del templo; ella vivía allí. Hablaba a todos los que esperaban la redención, incluyendo hombres y mujeres. Dios la usaba en una posición de liderazgo.

Otra profetisa muy conocida en la Biblia es Débora. Su historia se lee en **Jueces 4 y 5**. Una mujer casada que juzgó a toda la nación de Israel. Ocupaba sin dudas un lugar de liderazgo y, siendo mujer, no se ocupaba de impedir que Dios la usara. Bajo su liderazgo, Barac, oficial del ejército, ganó una batalla para el Señor.

La Biblia habla de muchas otras profetisas, pero éstas nombradas aquí alcanzan para darnos cuenta de que Dios realmente usa mujeres en esta importante posición. Hay una diferencia entre una mujer o un hombre que está en la posición de profetisa o de profeta y moverse en el simple don de profecía. La posición del profeta es un lugar de liderazgo mientras que el don de profecía es para todo el cuerpo.

## Ministerio de evangelista

**Efesios 4:11** menciona seguidamente el ministerio de evangelista. En su mayoría los evangelistas de hoy no reflejan a aquellos del Nuevo Testamento siempre ungidos con los dones carismáticos y el poder del Espíritu Santo. Milagros y la sanidad eran comunes bajo sus ministerios. Felipe es un buen ejemplo al sanar los enfermos, echar fuera demonios y hacer milagros. **"Entonces Felipe, descendiendo a la ciudad de Samaria, les predicaba a Cristo. Y la gente, unánime, escuchaba atentamente las cosas que decía Felipe, oyendo y viendo las señales que hacía. Porque de muchos que tenían espíritus inmundos, salían éstos dando grandes voces; y muchos paralíticos y cojos eran sanados; así que había gran gozo en aquella ciudad" (Hechos 8:5-8).**

La misma unción descansa sobre muchas siervas del Señor hoy día porque Él está usándolas para enviar sanidad y milagros. Kathryn Kuhlman, ya fallecida, es sólo una mujer que como muchas Él ha usado como evangelistas. Numerosas misioneras llenas del Espíritu son también ejemplos de que Dios llama a las mujeres a este ministerio.

## Ministerio de pastor

Otro ministerio es el de pastor, llamado por Dios. También se lo llama líder u obispo. El ministerio de pastor hoy se diferencia mucho del ejemplo bíblico. Son tantos los pastores que hoy actúan como administradores religiosos contando con oficina y personal, dedicados a dirigir una compleja institución y organización en vez de entregarse personalmente a la Palabra y la oración. Este no es el orden divino sino un sistema elaborado por el hombre. En la Palabra de Dios podemos encontrar líderes o pastores ministrando a los nuevos convertidos, ayudándoles en su crecimiento en el Señor. La iglesia antigua se reunía en los hogares en pequeños grupos, contando con la presencia de líderes o pastores que dirigían la reunión. La iglesia no era un edificio como lo es ahora en la mente de muchos, sino que era más exactamente un encuentro de los santos para rendir culto al Señor, estudiar y disfrutar de comunión y amistad. Podemos tener una iglesia cuando un grupo pequeño que está buscando a Dios se reúne. **Mateo 18:20 dice, "Porque donde están dos o tres congregados en mi nombre, allí estoy yo en medio de ellos".**

Encontramos un matrimonio -- pastores y maestros -- del cual Pablo habla en **Romanos 16**. Eran colaboradores de Pablo en la prédica del evangelio y ministrando a la iglesia. Tenían una iglesia en su casa y la pastoreaban. **"Saluda a Priscila y a Aquila, mis colaboradores en Cristo Jesús, que expusieron su vida por mí; a los cuales no sólo yo doy gracias, sino también todas las iglesias de los gentiles. Saludad también a la iglesia de su casa..." (Romanos 16:3-5)**. El Señor usa hoy a muchos matrimonios tal como a éste del Nuevo Testamento.

Mi esposo y yo hemos sido privilegiados para servir a Dios en esta posición. Es profundamente gratificante dejar que el Espíritu Santo ministre a través de nosotros cuando lo considera conveniente. Solamente deseamos ser esos navíos que estén siempre listos para que el Maestro nos use. El Señor usa a Bud para alcanzar a muchos a quienes yo no podría llegar, y me usa para ministrar a otros a los cuales mi esposo no alcanza. Juntos podemos lograr más para Él. Estamos agradecidos a Dios por habernos llamado a Su servicio.

Muchas mujeres no saben que pueden ministrar junto al esposo y se quedan atrás temiendo desagradar a Dios, simplemente porque se les enseñó de manera equivocada que las mujeres no pueden tener un ministerio ni ocupar una posición de liderazgo. Dios está librando a las mujeres para que se paren en posición de igualdad con su marido delante del Señor, no poniendo la mirada en él o en ella sino firmemente fijada en el Señor. Él es el único que debe ser exaltado, no el hombre, sea hombre o mujer.

## Ministerio de maestro

El último ministerio en **Efesios 4:11** es el de maestro. Tal vez el más controversial de todos en cuanto a lo que a la mujer concierne, debido a dos escrituras que parecen contradecir a otras en la Palabra de Dios. Pero si las observamos, el Espíritu Santo los aclarará para que no sean obstáculos para las mujeres que enseñan.

"Vuestras mujeres callen en las congregaciones; porque no les es permitido hablar, sino que estén sujetas, como también la ley lo dice. Y si quieren aprender algo, pregunten en casa a sus maridos; porque es indecoroso que una mujer hable en la congregación" (1 Corintios 14:34 y 35).

Algunos han acusado a Pablo de sentir desagrado hacia las mujeres, basados en esta exhortación. Muy lejos de la verdad; podemos ver que menciona a varias en el capítulo 16 de Romanos. **"Os recomiendo además a nuestra hermana Febe, la cual es diaconisa de la iglesia en Cencrea; que la recibáis en el Señor, como es digno de los santos, y que la ayudéis en cualquier cosa en que necesite de vosotros; porque ella ha ayudado a muchos, y a mí mismo" (Romanos 16:1 y 2).** Febe era ministra o diaconisa en esta iglesia, porque la palabra griega para "sierva" aquí significa "alguien que ministra o sirve". Pablo también di, **"Saludad a Trifena y a Trifosa, las cuales trabajan en el Señor. Saludad a la amada Pérsida, la cual ha trabajado mucho en el Señor" (Romanos 16:12).** Eran mujeres que trabajaban y ministraban para el Señor.

Pablo no se muestra prejuicioso frente a las mujeres cuando instruye a las de Corinto a que guarden silencio. Si miramos el capítulo, vemos que Pablo está tratando un problema de desorden en la iglesia. Uno de los conflictos era que algunas mujeres aún no habían aprendido "modales de iglesia". En aquel tiempo, la ubicación de los asientos era muy diferente de la actual. Hombres sentados por un lado, mujeres y niños del lado opuesto. Aún se practica en las culturas orientales; lo vimos en las iglesias de la India en nuestro último viaje misionero.

La mujer de la época de Jesús era por lo general inculta y sólo los hombres tenían el privilegio de acceder a la educación. Debido a esta situación, cuando la iglesia se congregaba, las mujeres se sentían tentadas a gritar de un lado al otro, preguntando a sus maridos el significado de lo que se enseñaba y desordenando el servicio. Pablo simplemente les decía, "Mujeres, en la reunión cuiden que sus hijos estén quietos, y ustedes también. Si tienen algo que preguntar a sus esposos, esperen volver a casa".

Vemos que no se refería a la mujer hablando o enseñando en la iglesia, porque **1 Corintios 11:5** nos dice que las mujeres estaban orando y profetizando en la iglesia. **1 Corintios 14:31** también declara, **"Porque podéis profetizar todos uno por uno, para que todos**

**aprendan, y todos sean exhortados"**. Todos -- hombres y mujeres -- podían profetizar para que todos -- hombres y mujeres -- aprendieran y todos -- hombres y mujeres -- fueran exhortados. Para que alguien aprenda algo, alguien debe enseñar.

Las mujeres pueden enseñar a los hombres mientras estén bajo la unción del Espíritu Santo, porque entonces será Su Espíritu hablando a través de ellas. Si es inculta y desubicada, como eran algunas mujeres de Corinto, deberá guardar silencio hasta aprender sumisión y los caminos del Señor. Sin embargo, quienes son llamadas por Dios -- como Priscila en el Nuevo Testamento -- no dudan en enseñar dónde y a quién Él les indique.

Apolos era un evangelista muy conocido en tiempo de la iglesia antigua, y vemos Priscila y su esposo enseñándole e instruyéndole en un camino más perfecto.

**"Llegó entonces a Éfeso un judío llamado Apolos, natural de Alejandría, hombre elocuente, poderoso en las Escrituras. Este había sido instruido en el camino del Señor; y siendo de espíritu fervoroso, hablaba y enseñaba diligentemente lo concerniente al Señor, aunque solamente conocía el bautismo de Juan. Y comenzó a hablar con denuedo en la sinagoga; pero cuando le oyeron Priscila y Aquila, le tomaron aparte y le expusieron más exactamente el camino de Dios" (Hechos 18:24-26).**

Apolos era un ferviente predicador que proclamaba la salvación en Cristo pero aún no había comprendido el bautismo en el Espíritu Santo. Sólo conocía el bautismo de Juan. Priscila y Aquila lo llamó aparte para instruirle con mayor precisión.

Otra porción escritural que ha impedido a las mujeres ubicarse en la correcta posición en la iglesia, es **1 Timoteo 2:11-15, "La mujer aprenda en silencio, con toda sujeción. Porque no permito a la mujer enseñar, ni ejercer dominio sobre el hombre, sino estar en silencio. Porque Adán fue formado primero, después Eva; y Adán no fue engañado, sino que la mujer, siendo engañada, incurrió en transgresión. Pero se salvará engendrando hijos, si permaneciere en fe, amor y santificación, con modestia".**

En estos versos, Pablo dice que las esposas debían ser sumisas en el hogar. Al mencionarlas aquí, aludía a aquellas que aún no habían aprendido la lección de sumisión No son todas las mujeres.

Aquellas mujeres llamadas por Dios a un ministerio ya habrían aprendido y aplicado esta verdad en su vida; de no ser así, Él no las hubiera llamado.

Así como la escritura que dice en **Efesios 5:18, "No os embriaguéis con vino, en lo cual hay disolución; antes bien sed llenos del Espíritu",** no se aplica a los que no beben, lo mismo es cierto en la anterior. Si una mujer no usurpa autoridad al hombre, ni trata de controlar a su marido, y otros hombres, entonces esta Escritura no le aplicaría a ella de la misma manera que, **"No os embriaguéis con vino…"** no aplicaría a una persona que no bebe.

## Las mujeres redimidas de la maldición

En la unión física del hombre y la mujer, Dios puso al hombre como cabeza, así como Adán era cabeza de Eva. Aunque en el espíritu, cada uno es responsable ante Dios. Ningún hombre puede lograr salvación para la esposa. Ella debe ir a Dios por sí misma. **Génesis 3** muestra que el Señor impuso penas al hombre y la mujer por su desobediencia. Semejante castigo era parte de la maldición que había entrado a la tierra como consecuencia del pecado. **"A la mujer le dijo: Multiplicaré en gran manera los dolores de tus preñeces; con dolor darás a luz los hijos; y tu deseo será para tu marido, y él se enseñoreará de ti" (Génesis 3:16).** La muerte y la resurrección de Cristo redimieron al hombre de la maldición, de modo que ya no tiene que aceptar aquello que resultó del pecado. Las mujeres pueden elevarse por encima de la maldición y ser restituidas a la posición original de autoridad del comienzo, antes de la "caída". Era una posición de igualdad con el hombre.

**"Y creó Dios al hombre a su imagen, a imagen de Dios lo creó; hombre y hembra los creó. Y los bendijo Dios, y les dijo: Fructificad y multiplicaos; llenad la tierra, y sojuzgadla, y señoread en los peces del mar, en las aves de los cielos, y en todas las bestias que se mueven sobre la tierra" (Génesis 1:27 y 28).**

## Gobernando y reinando con Cristo

Aquí vemos que la orden de dominar la tierra y someterla, fue tanto para Adán como a Eva. Eran ambos quienes debían gobernar y reinar sobre la creación del Señor. El acto mismo de sojuzgar o someter algo exige autoridad, agresividad y liderazgo.

En la propia naturaleza de Dios encontramos estas cualidades. Debemos volvernos a Él porque fuimos creados a Su imagen, y debemos amoldarnos a ella. Dado que esto es verdad, hay ocasiones cuando -- bajo la unción del Espíritu -- una mujer hará valer sus derechos con firmeza. Esto no debe estar orientado al marido sino más bien hacia el enemigo, Satanás. Para que las mujeres sean vencedoras, deben tener esta fortaleza y autoridad sobre el diablo. Dios quiere que Su pueblo gobierne y reine con Él. Su intención es hacernos idóneos para esa posición, sea hombre o mujer. **"Y nos hizo reyes y sacerdotes para Dios, su Padre; a él sea la gloria e imperio por los siglos de los siglos. Amén"** (Apocalipsis 1:6).

¿Quiere decir el Señor que sólo los individuos de sexo masculino pueden ser reyes y sacerdotes? No. Aunque "rey" sea un término masculino, es el destino último para todo Su pueblo. Dios tiene tanto naturaleza masculina como femenina. El corazón maternal de Jesús se notaba cuando oraba por Jerusalén. **"¡Jerusalén, Jerusalén que matas a los profetas, y apedreas a los que te son enviados! ¡Cuántas veces quise juntar a tus hijos, como la gallina junta a sus polluelos debajo de las alas, y no quisiste!"** (Mateo 23:37). La sumisión es un rasgo femenino. No obstante, Jesús se sometió a la cruz bajo la dirección del Padre. Si andamos en el Espíritu, tendremos también la agresividad masculina y la sumisión femenina que hay en Dios.

La iglesia cuenta con más mujeres que hombres por la natural inclinación a la sumisión que las caracteriza. Se someten a la voluntad divina más fácilmente. Más hombres predican, por la fuerza y la agresividad que les son propias. Satanás, en el mundo, ha distorsionado las características naturales de muchísimos hombres y mujeres a través del pecado de homosexualidad. La homosexualidad falsifica y pervierte la verdadera imagen del ser humano. La naturaleza de Dios es la pureza, y todo lo que sea contaminación es abominación ante Él.

Volviendo a **1 Timoteo 2:15**, el plan de Dios para la mujer natural era que permaneciera en fe, caridad, santidad y sobriedad de modo que fuera salva teniendo hijos. Significa que cuando acepta este plan del Señor en su vida, no tiene el dolor (la palabra hebrea para "dolor" significa "pena") pronunciados sobre ella como parte de la maldición, y no estará bajo el dominio del marido. Se levantará para gobernar juntos.

Por supuesto que será sumisa con su esposo y con cualquier otro miembro del cuerpo de Cristo. La mayoría de los problemas relacionados con el lugar de la mujer en la iglesia se resolvería si entendiéramos que el papel en el hogar es diferente al de la iglesia. La primera promesa acerca de la venida de Jesús a la tierra para vencer a Satanás está en **Génesis 3:15, "Y pondré enemistad entre ti y la mujer, y entre tu simiente y la simiente suya; ésta te herirá en la cabeza, y tú le herirás en el calcañar".** Ciertamente que la mujer sería salva engendrando hijos, es decir, a través del nacimiento del niño divino, Jesús. La sentencia sobre Eva y todas las mujeres no impediría la salvación de su alma si confiaba en la obra expiatoria de Cristo. La mujer no vendría bajo dominio del hombre espiritualmente porque el Señor sería su cabeza espiritual.

## La cobertura

Recientes enseñanzas afirman que la mujer debe estar bajo el liderazgo o la cobertura masculina para estar habilitada para ministrar para el Señor. Esto también se ha aplicado a las solteras. Estas falsas enseñanzas sostienen que la mujer debe estar bajo el liderazgo masculino de una iglesia, para hablar o ministrar. Lejos está esto de la verdadera enseñanza de la Palabra de Dios. Débora es un ejemplo perfecto de una mujer que actúa con independencia de la llamada cobertura masculina. Como jueza en Israel, estaba bajo el liderazgo de Dios y dio órdenes a Barac. Era casada, pero no recibía las instrucciones del esposo sino directamente de Dios (**Jueces 4**). Esto no significa negarse a ser parte de una iglesia local, sino más bien decir que la mujer puede ser la líder de una iglesia local.

Miremos las escrituras que hablan de la cobertura para saber lo que realmente dice la Palabra de Dios. **1 Corintios 11** ha dado lugar a muchos problemas para la iglesia en todo el mundo. La enseñanza de que todas las mujeres deben estar espiritualmente cubiertas por un hombre no es la única surgida de esta porción bíblica. Otros tomaron estos versos para decir que una mujer debe cubrirse la cabeza con un trozo de tela, un pañuelo, al profetizar o ministrar. En algunos países aún se guarda esta enseñanza, y también en algunas iglesias de Estados Unidos. Muchas iglesias tradicionales tienen vestigios de una enseñanza que ha quedado como costumbre popular entre las mujeres, el usar sombrero para ir a la iglesia el domingo.

¿Cuál es el significado real de estos versículos y cuál es la verdadera cobertura? Una forma en que, discernimos entre una enseñanza verdadera y otra falsa es observando el fruto. ¿Da libertad, o causa legalismo y esclavitud? Al mirar esta escritura hagámoslo bajo la luz de la Palabra de Dios total, no sólo según estos versos aislados.

**"Pero quiero que sepáis que Cristo es la cabeza de todo hombre, y el hombre es la cabeza de la mujer, y Dios la cabeza de Cristo. Todo hombre que ora o profetiza con la cabeza cubierta, afrenta su cabeza. Pero toda mujer que ora o profetiza con la cabeza descubierta, afrenta su cabeza; porque lo mismo es que si se hubiere rapado. Porque si la mujer no se cubre, que se corte también el cabello; y si le es vergonzoso a la mujer cortarse el cabello o raparse, que se cubra. Porque el hombre no debe cubrirse la cabeza, pues él es imagen y gloria de Dios; pero la mujer es gloria del hombre. Porque el hombre no procede de la mujer, sino la mujer del hombre, y tampoco el hombre fue creado por causa de la mujer, sino la mujer por causa del hombre. Por lo cual la mujer debe tener señal de autoridad sobre su cabeza, por causa de los ángeles. Pero en el Señor, ni el hombre es sin la mujer, ni la mujer sin el hombre; porque así como la mujer procede del hombre, también el hombre nace de la mujer; pero todo procede de Dios. Juzgad vosotros mismos: ¿Es propio que la mujer ore a Dios sin cubrirse la cabeza? La naturaleza misma ¿no os enseña que al hombre le es deshonroso dejarse crecer el cabello? Por el contrario, a la mujer dejarse crecer el cabello le es honroso; porque en lugar de velo le es dado el cabello. Con todo eso, si alguno quiere ser contencioso, nosotros no tenemos tal costumbre, ni las iglesias de Dios"** (1 Corintios 11:3-16). En mérito a la claridad analicemos uno por uno estos versículos.

Primero tenemos que comprender ¿por qué se escribió este pasaje? Pablo había recibido una carta de la iglesia de Corinto relatando muchos problemas. Esta epístola en respuesta, el apóstol la escribió para ayudar a dilucidar algunos puntos confusos. Uno era si la mujer debía cubrirse la cabeza con un velo en la iglesia, porque la costumbre era que tuviera cubierta la cabeza dentro y fuera de la iglesia. La razón de tanta discusión era que una de las tradiciones judías orales sostenía que al entrar al templo o al culto, los hombres (cabezas de la casa) debían usar el "tallith", o velo judío como señal de reverencia a Dios y condenación al pecado. Pablo se oponía firmemente a todo legalismo judío (la circuncisión era uno de ellos) que se tratara de imponer a los nuevos cristianos. También rechazaba que los hombres se cubrieran porque ya no estaban bajo condenación alguna porque, a través de Su sacrificio, Jesús la había quitado.

Entonces se había suscitado la cuestión de que si las mujeres debían o no cubrirse la cabeza en la iglesia. ¿Qué les diría Pablo? Aprovechó la oportunidad para enseñarles a través de una analogía espiritual que les permitiera llegar a una conclusión propia. En el **verso 16** leemos la conclusión del apóstol, **"Con todo eso, si alguno quiere ser contencioso, nosotros no tenemos tal costumbre, ni las iglesias de Dios".** Simplemente expresa que es una costumbre de las mujeres, pero no una ordenanza de la iglesia. Tal explicación nos aclara el asunto, pero perderemos una hermosa aplicación espiritual si no miramos los versículos un poco más allá porque, como porción bíblica, tienen un principio eterno y profundo aplicable en todos los tiempos. Pablo usa una analogía. No discute una cobertura de tela, o un velo, al decir que la mujer tenga la cabeza cubierta porque, en el **verso 15**, afirma que el cabello es dado a la mujer para cubrirla. **"Por el contrario, a la mujer dejarse crecer el cabello le es honroso; porque en lugar de velo le es dado el cabello".**

¿A qué cobertura se refiere? No habla de algo que tapa o que cubre literalmente, sino de una cobertura espiritual. Veamos lo que esta cobertura espiritual es. **Isaías 30:1** declara, **"¡Ay de los hijos que se apartan, dice Jehová, para tomar consejo, y no de mí; para cobijarse con cubierta, y no de mi espíritu, añadiendo pecado a pecado!"** Notamos aquí que el Espíritu Santo de Dios es nuestra cobertura. El advierte a quienes buscan cualquier otra cobertura que no sea Su Espíritu. Dice entonces claramente que nuestra cobertura no está en los hombres.

Otros versos acerca de la cobertura divina están en el **Salmo 104:1 y 2, "Bendice, alma mía, Jehová. Jehová Dios mío, mucho te has engrandecido; te has vestido de gloria y de magnificencia. El que se cubre de luz como de vestidura, que extienda los cielos como una cortina".** Dios está cubierto de gloria, magnificencia y luz. Donde hay luz, no hay tinieblas ni mal; donde hay gloria, hay verdad.

La cobertura de la cual Dios habla es el Espíritu de Verdad y Luz. Comprendiendo esta cobertura, miremos ahora **1 Corintios 11:4, "Todo hombre que ora o profetiza con la cabeza cubierta, afrenta su cabeza"**. El **verso 3** dice quién es su cabeza, **"Pero quiero que sepáis que Cristo es la cabeza de todo hombre...y Dios la cabeza de Cristo"**. Si Cristo es la cabeza del hombre y Dios la cabeza de Cristo, si el hombre cubre a Jesús de modo que la luz de Dios no pueda verse en Él, es afrenta a Cristo. La Biblia afirma que debemos dejar que nuestra luz brille, no taparla.

**"Vosotros sois la luz del mundo; una ciudad asentada sobre un monte no se puede esconder. Ni se enciende una luz y se pone debajo de un almud, sino sobre el candelero, y alumbra a todos los que están en casa. Así alumbre vuestra luz delante de los hombres, para que vean vuestras buenas obras, y glorifiquen a vuestro Padre que está en los cielos" (Mateo 5:14-16).** Si los hombres van a profetizar, orar y ministrar en la iglesia, no deben deshonrar su cabeza que es Jesús. Deben permitir que la luz de Dios brille a través de ellos. El hombre no debe cubrir la gloria de Dios y Su majestad, sino dejar que fluya a través de él. Esta luz se mostrará con verdad y dignidad.

En el Antiguo Testamento era una vergüenza que el hombre cubriera su cabeza, por esto el uso del "tallith" judío como símbolo de la vergüenza y la culpa por sus pecados. Jeremías habla de los hombres que se cubren la cabeza por su vergüenza. **"Porque se resquebrajó la tierra por no haber llovido en el país, están confusos los labradores, cubrieron sus cabezas" (Jeremías 14:4).** Siempre que un hombre no permita que Cristo fluya a través de su vida, y cubra su cabeza que es Cristo, es una vergüenza. Los hombres no deben defender su posición mientras Cristo esté fluyendo a través de ellos, porque Jesús les cubrirá. No tienen que cubrirse por Él. El Señor justificará a los que están brillando por Él. La misericordia, el amor, la amabilidad y la bondad del Señor deben ser evidentes en los hombres que están en el ministerio. Serán amables con la esposa, considerados y amorosos, si realmente permiten que Dios brille a través de sus vidas. Cristo es la cabeza del hombre, y no debe cubriría porque será una ofensa para el Señor.

¿Qué decir de las mujeres? **1 Corintios 11:5** declara, **"Pero toda mujer que ora o profetiza con la cabeza descubierta, afrenta su cabeza; porque lo mismo es que si se hubiese rapado"**. ¿Cuál es la cabeza de la casada? Por supuesto que el marido, el hombre. La lista del

**verso 3** no es una cadena de mandos porque, aunque Dios está en primer lugar, comparte Su gloria con Jesús aun cuando Él sea Su cabeza. Lo mismo vale para la relación matrimonial. Si un hombre es verdaderamente la cabeza -- siguiendo el modelo de Cristo -- apoyará y animará a su mujer para elevarla al propio nivel de autoridad. El verdadero dominio o supremacía se gana con amor entregado hasta el sacrificio, como Cristo ganó a Su iglesia. No solamente gobernando y dominando. La cabeza de la mujer debe estar cubierta. ¿Cómo cubre ella su cabeza que es el marido? Una manera es por las palabras de su boca.

David supo que las palabras que decimos causan bendición o maldición. **"Jehová Señor, potente salvador mío, tú pusiste a cubierto mi cabeza en el día de batalla.... En cuanto a los que por todas partes me rodean, la maldad de sus propios labios cubrirá su cabeza" (Salmos 140:7 y 9).** Si los labios de una mujer no confiesan la Palabra de Dios y la verdad, su cabeza está descubierta. Si una mujer humilla al marido con amargas y degradantes palabras, y sus labios hablan lo negativo acerca de él, ella descubrirá que "en el día de la batalla" no estará cubierta por el Señor. David estaba cubierto porque hablaba lo que agradaba a Dios.

Las mujeres que oran o ministran en público no deberían degradar al esposo en la vida privada, porque es una vergüenza ante el Señor. Trae vergüenza sobre su cabeza matrimonial. Las mujeres no deben descubrir su cabeza porque la escritura dice que sería como salir con la cabeza rapada. Ninguna mujer se raparía al propósito, aunque muchas lo hacen espiritualmente al exponer las faltas o las fallas del esposo, cuando lo difaman, lo calumnian o lo humillan de alguna manera. Debemos cubrir las debilidades, las flaquezas de nuestro marido en lugar de descubrirlas. El Antiguo Testamento incluye una historia sobre Noé que muestra cuanto desagrada a Dios que Sus hombres sean expuestos y no estén cubiertos.

**"Después comenzó Noé a labrar la tierra, y plantó una viña; y bebió del vino, y se embriagó, y estaba descubierto en medio de su tienda. Y Cam, padre de Canaan, vio la desnudez de su padre, y lo dijo a sus dos hermanos que estaban afuera. Entonces Sem y Jafet tomaron la ropa, y la pusieron sobre sus propios hombros, y andando hacia atrás, cubrieron la desnudez de su padre, teniendo vueltos sus rostros, y así no vieron la desnudez de su padre. Y despertó Noé de su embriaguez, y supo lo que le había hecho su hijo**

más joven, y dijo: Maldito sea Canaan; siervo de siervos será a sus hermanos. Dijo más: Bendito por Jehová mi Dios sea Sem, y sea Canaan su siervo. Engrandezca Dios a Jafet, y habite en las tiendas de Sem, y sea Canaan su siervo" (Génesis 9:20-27).

El hijo de Noé, Cam, descubrió la desnudez del padre pero, en vez de cubrirlo, lo dijo a sus hermanos. Sem y Jafet no sólo no miraron al padre en tal condición sino que lo taparon.

Como esposas, cubramos las faltas y los fracasos de nuestros esposos, no los expongamos delante de otros. Es una vergüenza dejar nuestra cabeza descubierta. El hombre y la mujer son una sola carne, si uno de ellos expone o hiere al otro es como si lo hiciera a sí mismo. Después de enterarse de lo sucedido, Noé pronunció una maldición sobre su hijo Cam (Canaan) y una bendición para la vida de Sem y Jafet. Cuando la esposa descubre la desnudez del marido, realmente está atrayendo maldición sobre la propia cabeza y el matrimonio. Una mujer no puede hablar de su marido sin que le afecte porque, en esencia, está hablando de sí misma. Si la mujer quiere que Dios bendiga su matrimonio debe cubrir su cabeza. Cuando ministra siendo culpable de exponer al marido, una mujer está también descubierta. El Señor no puede bendecirla con Su unción cuando sale sin estar cubierta por Dios. Marido y mujer deben entregar la vida el uno al otro.

## El pecado de divorcio

En nuestra sociedad, el divorcio es la salida para una situación desagradable. Así, en vez de sufrir por la otra parte que está fuera de la voluntad de Dios, incluso muchos cristianos están siguiendo este camino fácil. Este pecado también se ha dado entre los que se conocen como ministros llenos del Espíritu. Las partes que buscan el divorcio en vez del sacrificio, no pueden esperar que Dios les bendiga el ministerio. No puede seguir ungiendo a tales ministros cuando no sienten dolor en el corazón por su cónyuge. En verdad están destruyendo la propia carne. Por supuesto que hay muchas partes inocentes que no desean la disolución del matrimonio pero, ante la insistencia del cónyuge, la Palabra de Dios dice que deben dejarle ir. **"Pero si el incrédulo se separa, sepárese; pues no está el hermano o la hermana sujeto a servidumbre en semejante caso, sino que a paz nos llamó Dios" (1 Corintios 7:15).**

No sólo no deberíamos exponer al cónyuge sino que tendríamos que mostrar idénticas misericordia y compasión con cada ministro del cuerpo de Cristo. Como cristianos, debemos cubrir los pecados unos a otros, no exponerlos. Rechacemos el chisme así como a cualquier otro pecado. Pidamos a Dios Su amor para los que están caídos.

Un desenfrenado espíritu de división opera en el mundo de hoy, buscando destruir no sólo los matrimonios sino todas nuestras relaciones. Reconozcamos este ataque del enemigo y resistámoslo. **1 Corintios 11** incluye hombres y mujeres que ministran en la iglesia porque habla de aquellos que oran y profetizan. No podemos esperar respuesta a las oraciones si no mantenemos una relación adecuada con nuestro cónyuge.

**"Vosotros, maridos, igualmente, vivid con ellas sabiamente, dando honor a la mujer como vaso más frágil, y como a coherederas de la gracia de la vida, para que vuestras oraciones no tengan estorbo. Finalmente, sed todos de un mismo sentir, compasivos, amándoos fraternalmente, misericordiosos, amigables; no devolviendo mal por mal, ni maldición por maldición, sino por el contrario, bendiciendo, sabiendo que fuisteis llamados para que heredaseis bendición. Porque: El que quiere amar la vida y ver días buenos, refrene su lengua de mal, y sus labios no hablen engaño; apártese del mal, y haga el bien; busque la paz, y sígala. Porque los ojos del Señor están sobre los justos, y sus oídos atentos a sus oraciones; pero el rostro del Señor está contra aquellos que hacen el mal"** (1 Pedro 3:7-12).

## Ministerios de mujeres y hombres casados

Las mujeres que buscan un ministerio a expensas del marido no están en orden con Dios. Si una esposa pasa sobre el marido y sobre la familia para salir en busca de un ministerio, no le durará. Si el Señor realmente quiere que tenga un ministerio, a medida que busca a Dios, el Espíritu se encargara del esposo. Dios pondrá en el corazón del esposo aceptación por lo que Él le está pidiendo a la mujer. Lo más importante no es moverse en los dones y tener un ministerio, sino tener la virtud de Cristo en la propia vida. Si alguien tiene un ministerio de alcance mundial pero su hogar está destruido por el divorcio, verdaderamente no ha ganado nada para el Señor. Qué quebranto causa venir a Él y no poder presentarle la familia, a causa del propio fracaso en ministrarles. Salvar el mundo mientras se pierde la familia, no cuenta para el Señor. Nuestro Dios es Dios de orden y, si llama a un hombre o una mujer a ministrar para Él, no lo hará al precio del matrimonio y los hijos. Si Dios verdaderamente nos llama, ensanchará nuestro corazón y nos fortalecerá para cuidar el hogar y el ministerio.

Otro extremo sería rehusar el seguir al Señor cuando nos llama por causa de la familia. Debemos estar dispuestos a dejar todo al saber que Él nos llama pero, si realmente nos pidiera esto, Él siempre hará que veamos por nuestra familia y que no la descuidemos. O ellos irán con nosotros, o Dios pondrá personas que se encargarán de los niños que se tendrán que quedar atrás. Lo más importante es la seguridad de que Dios está llamándonos y que no es solamente un deseo nuestro por salir a evangelizar. Podemos decir si es o no Dios por el fruto que produce en nuestra vida y en la familia. Cubramos nuestros hijos con oración para que estén bajo el cuidado del Espíritu de Dios, ya sea que Dios nos llame a un ministerio de tiempo completo, o que nos llame al de esposa, madre y ama de casa.

El Señor quiere usar a cada miembro de la familia en Su plan grandioso. Los matrimonios pueden tener poderosos ministerios al someterse a Dios y uno al otro. Marido y mujer se necesitan y deberían depender mutuamente; las mujeres que oran y profetizan necesitan el poder del amor y la cobertura del esposo sobre ellas ya que los ángeles de Dios se presentan en mayor medida cuando ambos sirven al Señor. Los dos juntos pueden realizar un poderoso trabajo para Dios.

**"Y tampoco el hombre fue creado por causa de la mujer, sino la mujer por causa del hombre. Por lo cual la mujer debe tener señal de autoridad sobre su cabeza, por causa de los ángeles. Pero en el Señor, ni el hombre es sin la mujer, ni la mujer sin el hombre" (1 Corintios 11:9-11).**

Esta enseñanza era para los cónyuges que ministraban en la iglesia. No estaba dirigida a personas solteras que ministraban no necesitan la cobertura del hombre, porque su verdadera cobertura es Dios. Si siguen al Señor, estarán cubiertas por Él. De hecho, todos podemos cubrirnos unos a otros con oraciones. No es necesario pensar que debemos sujetarnos a la cobertura de algún hombre para ministrar. Nos necesitamos y nos cubrimos unos a otros según el Espíritu Santo guíe nuestras oraciones. Pero no precisamos el permiso de un hombre para obedecer a Dios y hacer aquello que Él nos pide. Seamos casadas o solteras, el Señor nos cubrirá cuando nos llame para que le sigamos.

## Celibato y ministerio

Algunos, con el deseo de agradar a Dios, piensan que la única vía para tener un ministerio exitoso es permanecer soltero, tal como el apóstol Pablo lo hizo. Aun cuando sientan un fuerte deseo de casarse, piensan que servirán mejor al Señor si están solos. Esto es verdad si esa decisión no deja un área frágil e indefensa en su vida, expuesta a Satanás. Si continuamente son tentados en ese aspecto débil del alma con relaciones con el sexo opuesto, lo mejor será que se casen. Pablo lo dice en la epístola a los corintios. **"Digo, pues, a los solteros y a las viudas, que bueno les fuera quedarse como yo; pero si no tienen don de continencia, cásense, pues mejor es casarse que estarse quemando"** (1 Corintios 7:8 y 9). Pablo no está diciendo que el celibato sea mejor que el matrimonio, sino que era mejor para él y aceptable para otros porque dejaba en libertad para entregarse plenamente a la obra del Señor. Pero esto sólo sería verdad si estuvieran tan satisfechos como el apóstol con la soltería.

Dado que el matrimonio era el plan divino original, la Biblia también debía establecer que el celibato era aceptable y agradable al Señor. Él nos deja esta elección a nosotros como individuos. Dios no obliga a nadie a permanecer sólo para agradarle ni fuerza a otros a casarse. Tenemos que elegir lo que deseamos. Si elegimos casarnos, debemos permitir que el Señor nos dé la pareja correcta que no interferirá en Su plan para nuestra vida. Cuando permitimos que Él nos dé la persona justa, esa persona mejorara nuestra vida. La Biblia dice, **"Honroso sea en todos el matrimonio, y el lecho sin mancilla; pero, a los fornicarios y a los adúlteros los juzgará Dios"** (Hebreos 13:4).

Las cualidades que deben tener los obispos o pastores se expresan en **1 Timoteo 3:1-7** y **Tito 1:5-10**. Dice que deberá ser marido de una sola mujer, gobernar bien la casa y saber como criar a los hijos. Esto no indica que Dios quiera que todos los ministros sean célibes porque, de ser así, Pablo hubiera dicho a Tito y Timoteo que buscaran a solteros para esta posición de tanta responsabilidad en la iglesia. El diablo murmura a algunos que serán más espirituales sin pareja y, si la persona es casada, muchas veces se divorcia creyendo semejante mentira.

Algunos solteros se sienten secretamente infelices pero no se casan porque creen que Dios les pide que sean mártires.

Este "complejo de mártir" hace que se priven de disfrutar la relación con Cristo porque lo ven como un Dios tan austero que niega todo placer físico. El Señor quiere que seamos felices, que vivamos con gozo y alegría; Él no se opone a que disfrutemos de la vida, siempre que no se trate de algo que se interponga entre Dios y nosotros.

## Elección de la pareja

Algunos solteros buscan continuamente pareja y se sienten mal porque Dios aún no se las ha dado. Han orado y orado, pero siguen solos. Hay quienes aceptan la provisión de Satanás en lugar de pedir paciencia a Dios para esperar a la persona que Él enviará a sus vidas.

La mayoría son mujeres a la búsqueda de un hombre. Si miraran a Jesús y se ocuparan de agradarle, si no vivieran pendientes del tener una pareja, pronto verían que esa persona justa cruza su camino. Buscar un hombre para no estar sola, o para satisfacer ciertas necesidades, o para tener un padre para los hijos no son las únicas razones para desear un marido. Tales mujeres aún están, en gran medida, en la carne y es necesario que el Señor las purifique de sus deseos egoístas. Deberían pedir a Dios que las llene con Su amor y Su paz. Es necesario que se interesen más por la clase de esposa que será cuando tengan marido.

El ser soltera es un tiempo hermoso de preparación para el matrimonio bajo la guía divina. A medida que busquen a Dios para que las purifique de las cosas del mundo y las ayude a ser esa clase de mujer que será bendición para un hombre, muy pronto descubrirán que en realidad no estaban tan solas. El Señor empezará a usarlas para bendecir a otras personas primero y hallarán contentamiento en Él. Según el plan de Dios y a Su tiempo, las bendecirá con un esposo para que, al unir sus vidas, sean testimonio de Él. Si un matrimonio no glorifica a Dios, sería mejor seguir sola. Hay peores cosas en la vida que estar sola; una es vivir fuera de la voluntad de Dios por un matrimonio con un hombre que no comparte la fe en el Señor.

El matrimonio es la segunda gran elección en nuestra vida y jamás deberíamos tomarla sin orar intensamente. El casamiento precipitado puede resultar desastroso. La decisión más importante es, por supuesto, seguir al Señor. No es una declaración que se hace una sola vez sino una diaria determinación de seguir a Jesús por sobre todo. Las mujeres, siendo más emotivas que los hombres por naturaleza, son muy susceptibles a que el enemigo las lleve por el camino equivocado a causa de un hombre. Este aspecto de la carne debería sujetarse al Señor para que Satanás no tenga ventaja destruyendo, consecuentemente, la vida y el ministerio. Son tatas las personas que han fallado al Señor por preferir a un hombre o a una mujer antes que Él.

Toda la Biblia muestra esta verdad. Las mujeres paganas de Salomón lo guiaron a la idolatría. Sansón perdió los ojos por causa de una mujer, Dalila. El rey David mató movido por la pasión por Betsabé.

Nuestras emociones deben purificarse, porque no son el signo del amor. La verdadera definición de amor es "Dios es amor". Si Dios no está en una relación, no es "amor" sino "lujuria". Lo que el mundo llama amor es en realidad lujuria porque se edifica sobre lo que la otra persona hace por mí, no por lo que puedo hacer por ella. Si la otra persona no puede mantener su parte del trato, el divorcio se produce porque el cónyuge ofendido y no está satisfecho. Es la actitud del mundo frente a lo que llaman amor. Pero "el amor de Dios" es amar sin esperar a cambio, es perdonar y ser paciente, es ser amable y manso; el amor de Dios espera y se sacrifica.

**1 Corintios 13** ofrece una hermosa definición del amor verdadero. Las emociones humanas no son un medidor confiable para establecer una relación matrimonial. Debemos saber en el Espíritu cuál es la voluntad de Dios. Es mucho mejor casarse por el carácter que por las emociones. Las emociones fluctúan, el carácter no. Las emociones son del terreno del alma y, al menos que la mente carnal haya sido renovada, Satanás puede ponernos emociones o sentimientos de amor hacia alguien que él elige. Si esto no fuera parte de su poder, no podría destruir los matrimonios. Una de sus técnicas favoritas consiste en sacar de repente los sentimientos que una vez se tuvo hacia la pareja y poner sentimientos hacia otra persona. Al lograr el propósito y convencer a la persona de que ya no ama al cónyuge, la lleva al divorcio murmurándole "Vives una mentira". Después de destruir el matrimonio, lo incita a casarse otra vez despertando emociones hacia otra persona.

Algo realmente inesperado sucede entonces. Al poco tiempo comienzan las tensiones con el nuevo cónyuge, surgen discusiones. Finalmente sucede lo mismo que sucede otra vez. Ya no siente emociones por su nueva pareja y se está gestando el próximo divorcio.

"Enamorarse" es el camino de Satanás. La expresión misma de estas palabras debe decirnos algo. Un cristiano no debería caer en la trampa.

En la vida del cristiano, el matrimonio debería fundarse en una decisión dirigida por el Espíritu Santo. El amor de un creyente por otra persona es un compromiso. Por supuesto, el Señor proveerá las emociones para la pareja que Él envíe pero éste no debería ser el criterio para decidir casarse. Debemos buscar al Señor y lo que Él nos hable deberíamos hacerlo. Dios conoce el futuro y lo que es mejor para nosotros. Si confiamos en Él, no nos fallará en esta o en otra importante área. Las mujeres o los hombres que permiten que las emociones los gobiernen, nunca serán cristianos victoriosos. Las emociones deberían siempre seguir, no guiar ni conducir.

Durante los tiempos del Antiguo y Nuevo Testamento, los padres elegían el cónyuge para los hijos. El pueblo de Dios era muy cuidadoso para elegir entre los "creyentes". Estas prácticas todavía suceden en India y en otras culturas de Oriente. Los padres, siendo mayores y más prudentes, tomaban mejores decisiones para sus hijos. En India, el índice de divorcio es sólo del 7% aproximadamente, pero en Estados Unidos se acerca al 50% en la actualidad. Los matrimonios donde falta amor pueden salvarse y restaurarse pidiendo a Dios que les devuelva el amor que tuvieron una vez. Las relaciones sexuales también pueden sanarse orando para recuperar el deseo por la pareja. La oración es un arma muy poderosa. El amor de Dios puede sanar y reparar, siempre y cuando las personas estén dispuestas a entregar la vida por el cónyuge. El amor divino no se extinguirá, como sucede con el amor del mundo.

Aquellos aún solteros que nunca se han casado son advertidos en la Palabra de Dios para buscar marido o mujer que sea creyente. **"No os unáis a yugo desigual con los incrédulos; porque ¿qué compañerismo tiene la justicia con la injusticia? ¿Y qué comunión la luz con las tinieblas?" (2 Corintios 6:14).** Mucha gente preciosa sufre por vivir con cónyuges no creyentes. Algunos no tenían a Cristo cuando se casaron y, más tarde, conocieron al Señor. Cuentan con la gracia y el amor de Dios para ganar a su pareja para Jesús. El Señor hace siempre todo lo posible para atraer a la parte perdida a Él a través del cónyuge que ya conoce a Cristo. Poderosos milagros de liberación y salvación han sucedido cuando una de las partes asumió el sacrificio para atraer al cónyuge al Señor. Los que tienen la luz pero optan por unirse a las tinieblas casándose con una persona no creyente, dejan que la carne les aparte de Dios.

El Señor quiere bendecir las uniones matrimoniales y ver cumplirse los planes Suyos en la vida de ambos cónyuges. Qué glorioso proyecto tuvo Él desde el principio tanto para el hombre como para la mujer. El fruto de un matrimonio físico son los hijos. Nuestro matrimonio espiritual con Jesús también debería producir fruto: otras personas que nazcan en el reino de Dios por nuestro amor al Señor, como fruto del Espíritu Santo evidente en nuestra vida.

## Problemas del divorcio

En lugar de matrimonios bendecidos y plenos, vemos más y más gente divorciada a causa de la obra de división de Satanás en los hogares. Es comprensible que aquellos que no están en Cristo se divorcien y sus hogares se deshagan, pero qué triste que Satanás ahora destruya hogares llenos del Espíritu. Quizás se deba a que no se nos enseñó cómo vencer al enemigo o morir al yo. Sean cual sean las razones, muchos sufren el trauma del divorcio.

¿Cómo tratar a quienes han sufrido así? Se están enseñando tantos extremos que resulta difícil una perspectiva adecuada en la iglesia frente a este problema. Primero, llamemos al divorcio por su nombre: pecado. Miremos luego la Palabra de Dios para ver qué dice sobre este o cualquier otro pecado. El divorcio lleva a cometer pecado de adulterio.

**"También fue dicho: Cualquiera que repudie a su mujer, dele carta de divorcio. Pero yo os digo que el que repudia a su mujer, a no ser por causa de fornicación, hace que ella adultere; y el que se casa con la repudiada, comete adulterio" (Mateo 5:31 y 32).**

Miremos ahora el caso de una mujer encontrada en el acto mismo del adulterio, veamos cómo el Señor trata con ella.

**"Le dijeron: Maestro, esta mujer ha sido sorprendida en el acto mismo de adulterio. Y en la ley nos mandó Moisés apedrear a tales mujeres. Tú, pues, ¿qué dices? Más esto decían tentándole, para poder acusarle. Pero Jesús, inclinado hacia el suelo, escribía en tierra, con el dedo. Y como insistieron en preguntarle, se enderezó y les dijo: El que de vosotros esté sin pecado sea el primero en arrojar la piedra contra ella. E inclinándose de nuevo hacia el suelo, siguió escribiendo en tierra. Pero ellos, al oír esto, acusados por su**

conciencia, salían uno a uno, comenzando desde los más viejos hasta los postreros; y quedó sólo Jesús, y la mujer que estaba en medio. Enderezándose Jesús, y no viendo a nadie sino a la mujer, le dijo: Mujer, ¿dónde están los que te acusaban? ¿Ninguno te condenó? Ella dijo: Ninguno, Señor. Entonces Jesús le dijo: Ni yo te condeno; vete, y no peques más" (Juan 8:4-11).

A partir de este relato vemos que el Señor extendió Su misericordia a la mujer, perdonándola por su pecado. También notamos que Él hizo una importante afirmación, **"Él que de vosotros esté sin pecado sea el primero en arrojar la piedra contra ella..."**.

El Señor trata todos los pecados de igual manera en Su plan redentor, porque el pecado es pecado. La respuesta a cada problema de pecado es la aceptación de Jesús y Su sacrificio que nos limpia de nuestros pecados. Si nos volvemos a Jesús, no importa el pecado cometido porque hallaremos perdón y misericordia. El Señor no dijo que la mujer no hubiera pecado, pero la perdonó y le advirtió, **"... no peques más"**. El pecado de divorcio no es el pecado imperdonable. No importa qué pecado haya en nuestra vida -- sea mentira, engaño, robo, homicidio, divorcio, etc. -- Jesús abrió el camino para que fuéramos limpios y recibiéramos perdón. Cuando el Señor perdona el pecado también lo olvida; perdón y amor divinos son muy diferentes de los del hombre. **Hebreos 10:17** dice que, **"...nunca más me acordaré de sus pecados y transgresiones"**.

## ¿Qué hay sobre el casarse nuevamente?

Sí, el divorcio es pecado. Vemos claramente el daño que hace en las vidas de todos los involucrados, proviene del infierno. Pero aun así, hay esperanza y perdón para los divorciados. Con frecuencia Satanás miente diciéndonos que Dios es quien está separándonos, pero no es Dios. El Señor no es el autor del divorcio; sin embargo, Su Palabra instruye a aquellos cuyo cónyuge no creyente quiere divorciarse.

**"Y si una mujer tiene marido que no sea creyente, y él consiente en vivir con ella, no lo abandone. Porque el marido incrédulo es santificado en la mujer, y la mujer incrédula en el marido; pues de otra manera vuestros hijos serían inmundos, mientras que ahora son santos. Pero si el incrédulo se separa, sepárese; pues no está el**

hermano o la hermana sujeto a servidumbre en semejante caso, sino que a paz nos llamó Dios" (1 Corintios 7:13-15).

De suceder esto, la parte abandonada no está ya comprometida con este matrimonio. Es libre para volver a casarse, si el Señor le guía a hacerlo. Mucho conflicto acerca de un nuevo matrimonio del creyente ha surgido en la iglesia, debido a las palabras de Jesús en **Mateo 19:3-9, "Entonces vinieron a él los fariseos, tentándole y diciéndole: ¿Es lícito al hombre repudiar a su mujer por cualquiera causa? El, respondiendo, les dijo: ¿No habéis leído que el que los hizo al principio, hombre y hembra los hizo, y dijo: Por esto el hombre dejará padre y madre, y se unirá a su mujer, y los dos serán una sola carne? Así que no son ya más dos, sino una sola carne; por tanto, lo que Dios juntó, no lo separe el hombre. Le dijeron: ¿Por qué, pues, mandó Moisés dar carta de divorcio, y repudiarla? Él les dijo: Por la dureza de vuestro corazón Moisés os permitió repudiar a vuestras mujeres; más al principio no fue así. Y yo os digo que cualquiera que repudia a su mujer, salvo por causa de fornicación, y se casa con otra, adultera; y el que se casa con la repudiada, adultera".** Jesús señala que los que se divorcian son de "duro corazón". El divorcio no fue idea de Dios. En el principio, Su perfecta voluntad para el hombre y la mujer era que permanecieran casados toda la vida.

¿Esta afirmación del Señor no deja lugar para un nuevo matrimonio? Este versículo ha causado gran esclavitud en la vida de quienes no han estudiado esta escritura a la luz de toda la Palabra de Dios. En primer lugar debemos entender que los fariseos trataban que Jesús contradijera la ley de Moisés para desacreditar Su ministerio. Y Jesús lo sabía. Como la pregunta era acerca del divorcio, Él expresó la ley perfecta al respecto. Jesús, siendo perfecto Él mismo, no podía haber hecho menos. Si los fariseos hubieran preguntado, "Maestro, ¿está permitido mentir o robar?", Él habría contestado con la ley perfecta para estos pecados. **Éxodo 20:15 y 16** dice que, **"No hurtarás. No hablarás contra tu prójimo falso testimonio".** Pero Jesús también sabía que el hombre no era perfecto y que fracasaría, por eso otras porciones de Su Palabra tratan el problema del pecado. El hombre no podía cumplir la ley perfecta, y falló. Pero el Dios perfecto abrió un camino para el hombre imperfecto para que, a través de la sangre de Jesús, reciba perdón por sus pecados. De esta manera, no importa qué pecados hayamos cometido, porque hay perdón y purificación a través de Cristo. Él no sólo perdona el pecado de divorcio sino que, porque Su perdón es perfecto, es como si jamás lo hubiéramos cometido en lo que a Él atañe, porque lo olvida. Gloria a Dios. Tenemos un nuevo comienzo en Cristo cuando todo lo viejo se borra de nuestra vida.

El Señor tiene un corazón compasivo y quiere que mostremos la misma actitud con quienes pecaron de esta forma. En realidad, Su Palabra trata cualquier transgresión de la ley como una ofensa grave. No importa cuán grande o pequeño podamos nosotros considerar el pecado, porque a los ojos de Dios el pecado es pecado, y todo pecado necesita el mismo remedio. La purificación a través de Jesucristo. Si señalamos con el dedo los pecados ajenos sin tomar en cuenta los propios, estamos trayendo juicio sobre nosotros.

**"Porque cualquiera que guardare toda la ley, pero ofendiere en un punto, se hace culpable de todos. Porque el que dijo: No cometerás adulterio, también ha dicho: No matarás. Ahora bien, si no cometes adulterio, pero matas, ya te has hecho transgresor de la ley. Así hablad, y así haced, como los que habéis de ser juzgados por la ley de la libertad. Porque juicio sin misericordia se hará con aquel que no hiciere misericordia; y la misericordia triunfa sobre el juicio" (Santiago 2:10-13).**

Si cometemos el mínimo pecado en un punto, somos culpables de faltar a toda la ley (homicidio, adulterio, etc.). Por lo tanto, evitemos juzgar a quienes se involucran en los pecados de divorcio y adulterio sin misericordia y amor porque, de lo contrario, seremos juzgados de la misma forma. Podemos ser críticos al juzgar a otras personas en este sentido mientras en nuestro corazón cometemos el mismo pecado.

Uno puede adulterar sin divorciarse del cónyuge porque este pecado se comete en el corazón. **"Pero yo os digo que cualquiera que mira a una mujer para codiciarla, ya adulteró con ella en su corazón" (Mateo 5:28).** Debemos ministrar a otros con compasión y amor en el área del divorcio, porque todos hemos pecado y fallado ante la perfección del Señor en muchos aspectos de la vida.

## ¿Pueden ministrar los divorciados?

Proscribir a una persona del ministerio porque ha pasado por la experiencia del divorcio o negarle el privilegio de un matrimonio cristiano, no está de acuerdo con la naturaleza de Dios. Si se ha arrepentido de su pecado de divorcio, a los ojos de Dios sus pecados están perdonados y olvidados. La verdadera iglesia deberá tener idénticas compasión y comprensión.

Algunos utilizan **1 Timoteo 3:2** para descalificar a los que han estado casados con anterioridad para ser líderes u obispos. **"Pero es necesario que el obispo sea irreprensible, marido de una sola mujer, sobrio, prudente, decoroso, hospedador, apto para enseñar" (1 Timoteo 3:2).** La razón para la especificación "una sola mujer" se debía a que, en tiempos de Cristo, había quienes todavía practicaban la poligamia. La enseñanza de Jesús era un llamado para que la gente retomara el plan divino original: un hombre para una mujer. En el Antiguo Testamento, la poligamia había entrado en el pueblo de Dios a través de las naciones paganas y el Señor tuvo que limpiar a los israelitas de este mal así como del "divorcio por cualquier causa". La dureza del corazón humano había apartado a los hombres de los propósitos de Dios.

Se nos advierte en la escritura que no debemos usar la libertad como una licencia para pecar. **"Porque vosotros, hermanos, a libertad fuisteis llamados; solamente que no uséis la libertad como ocasión para la carne, sino servíos por amor los unos a los otros" (Gálatas 5:13).** Quienes busquen el divorcio sólo porque saben que Dios perdona, cometerían un pecado voluntario y deberán enfrentar las consecuencias.

Las personas con un mal matrimonio no deben usar el divorcio como un escape a una situación desagradable. Al contrario, deberían buscar al Señor por la sanidad de esa relación. Él quiere y puede usar tales circunstancias para Sus propósitos redentores, anhela sanar y liberar al cónyuge que no se ha entregado a Cristo. Esta es una tierra perfecta para el crecimiento de los frutos de paciencia o longanimidad, fe, amor en la vida de la parte sufriente por la falta de amor en su relación matrimonial. El amor de Dios puede vencer en toda situación sucediendo un grandioso milagro de sanidad en el matrimonio y el hogar.

En los divorcios, los hijos sufren tanto como los padres. Se necesita sanidad emocional para todos los que vienen de un hogar deshecho. Dios está sanando y restaurando a los que le buscan y siguen Su camino. Quienes permanecen en el mundo, sólo lastimarán más su corazón mientras no permitan que el Señor controle su vida. Solamente Dios puede recuperar las pedazos rotos, y juntarlos en un matrimonio nuevo con Su bendición. Sin el Señor, una segunda experiencia únicamente será una mezcla de las dos partes arrastrando los problemas de antaño.

Hombres y mujeres deben buscar a Dios diligentemente en lo que respecta a este importante paso en sus vidas. Solamente siguiendo el plan de Dios y Su Palabra sabia, el matrimonio será una relación plena, única, hermosa, porque así la pensó Él desde el principio, sin importar si es el primero o el segundo matrimonio.

## La esposa cristiana

Leemos algunas instrucciones para las mujeres acerca del marido, los hijos y el hogar en **Tito 2:3-5, "Las ancianas asimismo sean reverentes en su porte; no calumniadoras, no esclavas del vino, maestras del bien; que enseñen a las mujeres jóvenes a amar a sus maridos y a sus hijos...para que la palabra de Dios no sea blasfemada"**. Se insta a las ancianas a "enseñar" a las jóvenes a amar al marido. En nuestra sociedad tenemos la idea de que, cuando nos enamoramos de un hombre, este amor -- emoción -- bastará para mantener unido al matrimonio. Esto está muy lejos de ser la verdad. Si bien el amor emocional es parte del matrimonio, la clase de amor a la que alude la escritura debe "enseñarse" y "aprenderse". Es el amor de Dios tal como se habla de él en **1 Corintios 13**, también podríamos llamarlo "carácter".

El primer paso para aprender a amar al esposo, o a cualquier otra persona, es recibir a Jesús en el corazón y permitir que Él sea nuestro maestro. A medida que lo amamos y Él nos ama, va fluyendo el amor sobre quienes nos rodean. Aprendemos a amar a otros a través de la lectura, el estudio y la aplicación de la Palabra de Dios en el corazón y la vida. Las mujeres mayores y más experimentadas pueden compartir con las más jóvenes para que eviten muchos dolores y desengaños oyendo el sabio consejo. No pensemos que tenemos todas las respuestas, sino que debemos estar abiertas al consejo de las mayores y más sabias mujeres de la iglesia y de nuestra familia. Recordemos que el primer mandamiento con promesa dice, **"Honra a tu padre y a tu madre, para que tus días se alarguen en la tierra que Jehová tu Dios te da" (Éxodo 20:12).**

Aun siendo pequeños, si no obedecemos a nuestros padres, nuestros días pueden acortarse. Por ejemplo, si un papá dice al hijito que no juegue en la calle por el peligro de los vehículos, pero le desobedece, puede sufrir un accidente y perder la vida. Dios pone a los ancianos como líderes y guías para ayudar a los creyentes más jóvenes a madurar y crecer en Cristo. Necesitamos un espíritu sumiso para estar abiertos a las enseñanzas de otros.

Un ingrediente necesario para una unión compatible es que la mujer se someta al marido; esto, a pesar de los abusos que aparecen al enseñar erróneamente a los hombres el significado de su liderazgo familiar. ¿Que, espera Dios de una mujer en este sentido? Primero, comprendamos que la sumisión es una actitud y no solamente una acción. La sumisión comienza en el corazón. Se cuenta de un niño al cual el maestro le instruyó que debía sentarse y quedar quieto. Por su naturaleza rebelde no podía hacerlo, pero el maestro lo obligaba. Cuando, más tarde, los compañeros de clase se burlaban y le decían "Te sentaste y te quedaste callado porque el maestro estaba cerca...", aquel niño rebelde contestaba "Estaba sentado 'por fuera' pero 'por dentro' estaba parado".

Cuántas veces las mujeres que se dicen sumisas, sólo lo son "por fuera" con lo que hacen y "por dentro" están resentidas por su posición en la vida. Una oración de sumisión que sería de bendición, podría decir, "Padre, ayúdame a vivir contenta con el papel que me asignaste al crearme. Dame un espíritu sumiso, no sólo con mi marido sino con cada miembro del cuerpo de Cristo. Ayúdame a servir y no esperar que me sirvan. Crea dentro de mí un espíritu manso como una oveja, como Jesús nuestro Señor tuvo. Amen." Por supuesto que hay límites para la sumisión y que siempre debe ser "como para el Señor". Primero sometámonos a Dios, y luego las dificultades para someternos a otras personas serán resueltas por Él. Algunos de los indicios que aparecen cuando la mujer no tiene una relación correcta con el hombre son el divorcio, los hijos rebeldes, los problemas emocionales y frigidez sexual.

Una de las principales causas de estos problemas puede ser un espíritu maligno de dominación femenina. En **1 Corintios 11:3, Efesios 5:22-25** y **6:1-3** se establece el orden divino para la familia. El esposo es la cabeza, la esposa es la segunda en autoridad y los hijos obedecen a ambos. Cuando la mujer busca usurpar la autoridad masculina y gobernar la casa, suceden estragos y el hogar se abre ampliamente a los ataques satánicos. **"Los opresores de mi pueblo son muchachos, y mujeres se enseñorearon de él. Pueblo mío, los que te guían te engañan, y tuercen el curso de tus caminos" (Isaías 3:12).** Hoy los hijos son rebeldes, causan contienda en el hogar, las mujeres son "mandonas", dominantes y viven exigiendo. Entonces no es raro que los hogares se disuelvan. Este tipo de espíritu en una mujer es un "espíritu de Jezabel". Así como Jezabel gobernaba a su marido, el rey Acab, según lo leemos en **1 Reyes 21:25**, muchas mujeres son culpables hoy del mismo pecado. Este espíritu dominante, despótico y controlador no sólo se ve en las mujeres sino además en los hombres cuando, por ejemplo, utilizan medios tiránicos para gobernar el hogar. El Señor quiere que nuestro hogar sea un ejemplo de amor, de modo que la autoridad debería ejercitarse en amor. Cuando una persona tiene un "espíritu de Jezabel", manipula sutilmente la vida de quienes la rodean. Si tal es nuestro caso, pidamos al Señor que nos libere y recree en nuestro interior un espíritu sumiso agradable a Él. Entonces estaremos dispuestos a escuchar a nuestro esposo, sabiendo que la lógica que Dios impartió al hombre es para protección de la mujer.

La lógica y las ideas masculinas unidas a la sensibilidad femenina se fusionan para ayudar a tomar las mejores decisiones tanto a uno como al otro. Aprender a oír la voz del Señor es un terreno donde ambos cónyuges pueden confirmarse mutuamente aquello que el Espíritu está diciendo mientras buscan unidos la voluntad de Dios ante un asunto o una circunstancia en particular. Por lo general, la mujer mostrará una cierta inclinación a ello, pero el hombre tendrá una idea definida acerca del tema; lo ideal es, por supuesto, que ambos caminen totalmente sometidos al Señor. Cuando éste no es el caso, la mujer no deberá desconsiderar el consejo del marido porque el Señor puede -- y ciertamente lo hace -- hablar a través del esposo no creyente. Cuando la mujer se somete a Dios, Él se encarga de tratar con el esposo. La sumisión extrema donde ella jamás se atreve a dar un consejo al esposo, o nunca se le permite pensar por sí misma, está fuera de equilibrio porque Dios no quiere que ningún ser humano viva anulado. Esto es un ejemplo del espíritu de dominio de Jezabel. La gente bajo esta clase de dominación, necesita liberación, al igual que imponen su espíritu dominante. El Señor quiere que toda área y dimensión de nuestras vidas este equilibrado en Él.

## Responsabilidades de esposas y madres cristianas

Otro aspecto donde Satanás intenta empujar a las mujeres hacia conductas extremas es el equilibrio entre las tareas de la casa y la búsqueda espiritual. Las mujeres unidas en yugo desigual son particularmente vulnerables en este sentido. Tal vez todos conozcamos mujeres que sirven al esposo como "cintas grabadas" para el desayuno, "libros y revistas carismáticos" en el almuerzo, y "gloria a Dios" por la cena. Si algo no se hace bajo la unción del Espíritu Santo y con Su sabiduría, tal vez logren que el marido se aparte más de Dios en vez de acercarlo a Él. Un cambio en la dieta se puede oír mucho más que el hablar de Jesús sin cesar. Una casa prolija, bien arreglada, comidas sabrosas y un genuino interés por el esposo y por sus gustos e intereses, con frecuencia habla mucho más fuerte que todas las grabaciones, las revistas y las palabras. Tal vez para cumplir con las tareas del hogar, la mujer tenga que dejar a un lado algunas de sus actividades "espirituales". Tres reuniones por semana, en realidad no nos hacen más espirituales.

El verdadero amor consiste en dejar a un lado lo que nos hubiera gustado hacer para hacer feliz a otra persona. Todas hemos oído el refrán, "El camino al corazón de un hombre pasa por su estómago". Si una mujer ha reclamado el corazón del marido para Jesús, podría intentarlo a través del estómago. Puede dar excelentes resultados cuando todo lo demás ya falló. Entonces, cuando pregunte el porqué de tan repentino cambio, ella puede decir humildemente que el Señor le habló de su descuido hacia él y el hogar, porque Jesús quiere hogares y maridos felices. Ese hombre se interesará por conocer a un Dios así. Es útil con los hijos rebeldes, también pero se aplica de modo diferente. Muchos de nuestros hijos están verdaderamente hambrientos de amor y lo expresan a través de los actos de rebeldía. Tengamos en cuenta que debemos pasar tiempo con ellos, porque Dios nos dio primero el hogar.

Algunas esposas descuidan el marido y el hogar porque participan intensamente en demasiadas actividades espirituales. También puede darse el problema opuesto. Otras dificultades surgen cuando la mujer es tan prolija y fastidiosa que pasa la mayor parte del tiempo limpiando y cocinando, y descuida los muy necesarios momentos del culto y la comunión familiares. La casa puede estar tan brillante que todos la admiren, prestando más atención a la "residencia" que a los "residentes". Las mujeres podemos volvernos Marta en vez de María.

**"Aconteció que yendo de camino, entró en una aldea; y una mujer llamada Marta le recibió en su casa. Esta tenía una hermana que se llamaba María, la cual, sentándose a los pies de Jesús, oía su palabra. Pero Marta se preocupaba con muchos quehaceres, y acercándose, dijo: Señor, ¿no te da cuidado que mi hermana me deje servir sola? Dile, pues, que me ayude. Respondiendo Jesús, le dijo: Marta, Marta, afanada y turbada estás con muchas cosas. Pero sólo una cosa es necesaria; y María ha escogido la buena parte, la cual no le será quitada" (Lucas 10:38-42).**

El Señor quiere que ambos aspectos estén en equilibrio en nuestra vida, por eso no conviene tener una "mente tan celestial" que nos impida ser "terrenalmente aptos". Tampoco debemos vivir tan atados a la tierra como para perdernos la belleza del Espíritu.

La mujer tiene su primera y más importante responsabilidad en el hogar, pues la escritura dice que es guardiana de su casa. "**...ser prudentes, castas, cuidadosas de su casa, buenas, sujetas a sus maridos, para que la palabra de Dios no sea blasfemada (Tito 2:5).** Preparar la comida para la familia es una de sus primeras tareas. El mundo ha establecido su norma en lo que a comida se refiere, más que la Palabra de Dios. Este es un ámbito donde precisamos ser sensibles a la guía del Espíritu Santo. Además de mirar si cada miembro de la familia recibe alimento espiritual, el Señor está enfatizando que Su pueblo necesita hacer cambios en la dieta física y recibir la comida natural apropiada. La mayor parte del pueblo de Dios ha experimentado el toque de Su mano sanadora en el cuerpo; sin embargo, un problema que parece subsistir es que, después de recibir la sanidad, el diablo viene a robarles los dones de Dios. Si ejercitamos la fe y resistimos al enemigo en el nombre de Jesús, huirá. Pero si ya lo hemos hecho y continuamos enfermos, quizá el problema sea el mantenimiento o la conservación de ese don que Dios nos dio. Esto significa que no sólo debemos obedecer y guardar las leyes espirituales, sino además respetar las leyes físicas si deseamos caminar en las bendiciones de Dios.

Nuestro cuerpo es el templo del Espíritu Santo, y muchos templos están llenos de desechos y basura. Aun así queremos que allí more el Espíritu Santo. Como mujeres, podemos ser útiles para ministrar el alimento adecuado a nuestra familia. En lugar de comer según la moda actual, comamos de acuerdo con la Palabra de Dios. La Biblia tiene mucho para decir acerca de la dieta y el comer. Por supuesto que el extremo que debemos evitar es volvernos tan pendientes de la comida como para que la cocina y la dieta absorban demasiado nuestro tiempo. La obesidad se ha convertido en un problema muy grave para muchos en Estados Unidos, lo cual hace necesario buscar al Señor para el control del apetito y por ayuda en este importante asunto. El Señor quiere que aprendamos a ser disciplinados y controlados en todas las cosas. En y por nosotros mismos quizás no podamos vencer los antiguos hábitos de alimentación pero, a través de la oración, con la ayuda del Señor podemos hacer todas las cosas a través de Cristo que nos fortalece, como dice **Filipenses 4:13**.

Encontramos una excelente descripción de una esposa y madre ideal en **Proverbios 31:10-31**. El **verso 28** declara que, **"Se levantan sus hijos y la llaman bienaventurada; y su marido también la alaba"**. Como esposas y madres, examinemos nuestra vida para ver dónde fallamos y pedir ayuda a Dios para ser esa compañera y madre de la cual habla este versículo. ¿Nos llaman bienaventurada -- nuestros hijos? ¿Qué pasa con nuestro marido? ¿Nos elogian como esposas? Quizás nuestros hijos estén rebeldes en este tiempo, o tal vez nuestro esposo está muy lejos del ideal cristiano, y ninguno nos halague ni elogie ni bendiga. ¿Los acusamos e insistimos en que el Señor debe cambiarlos o nos miramos a nosotras mismas pidiendo a Él que ilumine nuestras faltas y fracasos, para que el Espíritu pueda obrar un cambio en nosotras? Nuestro problema número uno no son los hijos, tampoco nuestro marido, nuestro trabajo, ni siquiera nuestras circunstancias, sino nosotras mismas. Mientras no estemos dispuestas a cambiar, el Señor no puede comenzar los cambios necesarios en nuestra familia.

¿Cómo hace Dios estos cambios en nuestra vida? Ante todo, debemos ser honestas con Él y enfrentar nuestros errores y pecados. Confesémosle: "Dios, estoy resentida con esta persona, y no puedo evitarlo. No quiero sentirme así, ayúdame a cambiar, Señor. Ayúdame a ser esa clase de esposa y madre que inspire a mis seres queridos a levantarse cada día y llamarme bienaventurada. Gracias, Señor. Amen." Al rendirnos a Jesús y cumplir Sus directivas, comenzaremos a ver los cambios en nosotras y en la vida de los que amamos.

Comencemos por ver qué clase de mujer somos. Somos la mujer de **Proverbios 31:28, "Se levantan sus hijos y la llaman**

**bienaventurada; y su marido también la alaba"** o somos la mujer de **Proverbios 21:19, "Mejor es morar en tierra desierta que con mujer rencillosa e iracunda".** Con seguridad que el deseo de cada corazón será ser como la primera, porque no queremos que nos consideren "rencillosa e iracunda". Pero me pregunto, si analizamos honestamente nuestro corazón y nuestras motivaciones, dejando que Él nos ilumine, ¿no veremos algunas áreas donde el enojo, la ira, la rencilla, la discusión existan en nuestra vida? Tal vez no expresemos abiertamente tales emociones pero lo sentimos por dentro hacia nuestro marido, los hijos; y, al no manifestarlos, guardamos sentimientos de resentimiento.

Jesús, en el Nuevo Testamento, habla mucho sobre la vida de pensamiento y los sentimientos. Recordemos como habló a los líderes religiosos de Su día, reprochándoles la dureza y maldad de sus corazones aunque sus obras parecieran justas y buenas. Por fuera podemos cumplir las obligaciones de esposa y madre, pero, en lo profundo del corazón, quizás no estamos ministrándoles con amor. Podemos estar motivadas por el deber, el compromiso, no por el amor. No valoramos a la gente que hace cosas por nosotros simplemente por obligación. El verdadero testimonio ante los demás es hacer algo simplemente porque les amamos. Muchos creyentes llenos del Espíritu están deseosos de mostrar el amor de Jesús a todos, pero frecuentemente los de su casa sufren por falta de amor. Mostremos el amor de Jesús a todos, pero recordando que debemos mostrarlo primero en el hogar. Pidamos al Señor que nos dé un verdadero espíritu de amor para cumplir las tareas diarias. "Señor, que podamos hacer de nuestras tareas cotidianas celebraciones de amor. Amén."

## El trabajo fuera del hogar

Una de las razones porque las mujeres se resienten es cuando deben trabajar fuera de la casa unido a las tareas domésticas cotidianas, y esto se les vuelve una carga. La pregunta de si una mujer debe o no debe trabajar fuera de casa dejando los hijos al cuidado de otra persona, ha suscitado mucho debate en la iglesia. Lo ideal, sobre todo cuando los niños son muy pequeños, sería que la mujer se quede en su casa y críe los niños. Pero en el caso de que la mujer pueda manejar las responsabilidades domésticas junto con algún otro trabajo, la escritura ciertamente no lo prohíbe. La "mujer virtuoso" de la cual habla

**Proverbios 31** no sólo cuidaba la casa sino que tendía la mano al pobre, hacía negocios, plantaba, tejía para la familia y vendía. Al buscar al Señor, nos orientará acerca de si trabajar o no fuera del hogar. Sigamos Su plan en esto, pero también en cada aspecto de nuestra vida. Él conoce nuestra capacidad y sabe qué es lo mejor para nosotras y nuestra familia.

Muchas madres, a causa del divorcio o el fallecimiento del esposo, deben afrontar solas la responsabilidad del hogar y los hijos. La gracia, la misericordia y la fortaleza divinas están allí disponibles para ayudarlas cuando deban trabajar fuera de la casa, aunque el deseo del Señor es que tengan un hogar bendecido y esto se facilita cuando tales mujeres cumplen sus obligaciones en casa y con la familia.

La paternidad y la maternidad son una tarea de tiempo completo. No debería dejarse en manos de otros que no tienen nuestras creencias y convicciones. Los niños son hoy influenciados por la televisión secular, el personal en los centros de atención de niños diurna, los docentes de la escuela pública, etc., que no reflejan los ideales cristianos en su mayoría.

El Señor instruye a los padres para enseñar a sus hijos, no dejar la responsabilidad a otros.

**"Y estas palabras que yo te mando hoy, estarán sobre tu corazón; y las repetirás a tus hijos, y hablarás de ellas estando en tu casa, y andando por el camino, y al acostarte, y cuando te levantes" (Deuteronomio 6:6 y 7).**

Ciertamente los niños necesitan el cuidado, el amor de la mamá, aunque tantos viven hoy desatendidos y se vuelven rebeldes. El Señor quiere que los niños sean controlados, supervisados por los padres pero, de no ser así, por personas responsables y que se interesen por cuidarlos. Los niños a los que no se educa ni disciplina, pronto se desvían y traen reproche y vergüenza sobre la familia. **"Instruye al niño en su camino, y aun cuando fuere viejo no se apartará de él"** (Proverbios 22:6). **"La vara y la corrección dan sabiduría; más el muchacho consentido avergonzará a su madre"** (Proverbios 29:15).

Una de las más desastrosas filosofías en cuanto a crianza de los niños es la teoría de no darles nunca unas nalgadas, cuando el castigo sea necesario. Dios dice en Su Palabra que es un método para disciplinar, y la Palabra de Dios siempre da buenos resultados. **"La necedad está ligada al corazón del muchacho; más la vara de la corrección la alejará de él"** (Proverbios 22:15). "No rehúses corregir al muchacho; porque si lo castigas con vara, no morirá. Lo

**castigarás con vara, y librarás su alma del Seol"** (**Proverbios 23:13 y 14**). Está claro que estos versos no autorizan los abusos con las criaturas, como cuando se les castiga cruelmente pero, por no haberles dado unas palmadas cuando fue necesario, los vemos cada vez más incontrolables y sus padres se sienten desesperados por no saber qué hacer. El control debe ponerse en práctica desde temprano para que aprendan a crecer en obediencia.

La mayoría de los padres no se da cuenta de que, ante ciertos problemas, sus niños necesitan liberación, y libran una batalla perdida hasta que buscan al Señor y Su camino para librarlos. Se debe pelear y ganar una batalla espiritual cuando los niños están extremadamente rebeldes. En el capítulo "Las Llaves del Reino", se nos ofrecen las herramientas necesarias para ganar la batalla. A veces son los padres quienes precisan liberación, por ser realmente culpables del pecado de abuso infantil. Un demonio puede llevar a algunos padres a ser crueles con sus hijos; pero pueden ser libres de este mal buscando a Jesús por la liberación. Dios anhela que nuestro hogar sea un cielo de descanso y amor.

En lugar de esto, vemos familias desunidas, cada cual yendo por su lado. Tantas actividades fuera de la casa los separan, cada uno haciendo lo suyo. Muchas veces son como extraños bajo el mismo techo. ¿Es de extrañarse entonces que los hogares se destruyan y que los enemigos estén en nuestra propia casa? Satanás incita a la discordia familiar para que sus miembros no puedan cumplir la comisión de compartir el evangelio con otros. En lugar de unidad y amor, vemos división y conflictos en los hogares.

## La mujer que está sola

Una viuda o una mujer sola que, por lo tanto, no tiene los problemas de relación mencionados, puede estar batallando de otra manera con la soledad acompañados con los sentimientos de inutilidad. El Señor tiene promesas muy especiales a las viudas, y están en Su Palabra. Son privilegios y bendiciones especiales. Dios puede ser ese esposo que han perdido. Todo el capítulo de **Isaías 54** será de bendición a toda mujer que se encuentre sola, muy especialmente el **verso 5, "Porque tu marido es tu Hacedor; Jehová de los ejércitos es su nombre; y tu Redentor, el Santo de Israel; Dios de toda la tierra será llamado"**. Al abrir la propia vida y brindarse a otras personas, Dios mismo se brindará a través de la gente a la mujer sola.

También le dará milagros especiales cuando tenga necesidades, porque Él comprende que precisa la ayuda de un hombre. Quienes están solas, muchas veces tienen problemas mecánicos y no saben usar las herramientas cuando la emergencia apremia. Siempre podemos recurrir al Señor en el día de la necesidad y la dificultad. Son muchas las mujeres que comparten testimonios de cómo el Señor ha reparado lavarropas, secadores, vehículos e incluso se ha hecho cargo de problemas de plomería. No limitemos el poder de Dios, porque Él puede hacer cualquier cosa. El Señor vendrá a nosotras en el punto crucial de la necesidad. Las mujeres que están solas y no tienen compañeros que les ayuden a hacer las cosas que las mujeres generalmente necesitan un hombre para manejar (y también a aquellas mujeres cuyos maridos no están disponibles en el momento) puede llamar a Jesús. Él será ese Hombre necesario en la ocasión. Las viudas con niños pueden recurrir al Padre Celestial para que sea el papá de esas criaturas e imparta a ella la sabiduría necesaria para criarlos.

## Vestido divino para las mujeres piadosas

Al mencionar los problemas que enfrentan las mujeres, debemos referirnos al tan controvertido tema de la ropa. ¿Cómo debe vestirse una mujer piadosa para agradar al Señor? **1 Timoteo 2:9 y 10** expresa, **"Asimismo que las mujeres se atavíen de ropa decorosa, con pudor y modestia; no con peinado ostentoso, ni oro, ni perlas, ni vestidos costosos sino con buenas obras, como corresponde a mujeres que profesan piedad"**. Algunos miembros del Cuerpo de Cristo interpretan que esta escritura afirma que las mujeres no deben maquillarse ni usar joyas, y también toman aisladamente otros versículos para sostener que las mujeres no deben usar pantalones ni cortarse el cabello. Imponen las propias ideas en cuanto a la vestimenta femenina y se vuelven muy legalistas.

Esta clase de enfoque es lo que llamamos "religión negativa". "No hagas esto" y "¡No hagas aquello!"; Dios sentirá desagrado si "no dejas de hacer esto o aquello". El Señor no ministraba de esta manera cuando caminaba por la tierra. Lo hacía positivamente, sólo raras veces hablaba de forma negativa. El Sermón del Monte es un ejemplo claro de Su ministerio positivo, en **Mateo 5**. Enumera nueve bendiciones que recibiremos si respondemos con la actitud correcta. No dice "Maldito seas si no haces esto, o si haces lo otro". Jesús siempre puso énfasis en el corazón y sus actitudes en vez de destacar las acciones, es decir, la conducta externa del hombre. En **1 Timoteo 2:9 y 10**, respecto de la vestimenta femenina, el énfasis no está en lo negativo sino que lo negativo sólo se menciona en comparación con lo positivo.

La escritura dice que la mujer debe ser modesta y sobria con buenas obras. No acentúa el aspecto exterior, la apariencia, sino cómo luce interiormente. El propósito de esta escritura no fue decir a la mujer lo que debía usar sino hablarle de la gran importancia de la belleza interior. Deberíamos vestirnos de tal manera que lo que tenemos adentro se refleje en la apariencia externa no debemos lucir como las mujeres del mundo. Ninguna mujer debería vestirse como hombre, aunque no significa que no pueda usar pantalones para mujer sino que, aun así, su apariencia debe ser femenina. Es una abominación para Dios que las mujeres traten de pareceres masculinos, y viceversa. La cuestión no es usar vestido o pantalón, sino más bien mostrarse como la mujer que Dios creó. Jesús usó manto porque en Su tiempo era la vestimenta masculina tradicional, y nadie puede dudar que era decididamente masculino Las mujeres podemos usar pantalones y aun así ser decididamente femeninas. La verdadera santidad es una cualidad interior y no depende de la ropa, de lo externo. No critiquemos los códigos de otros para vestirse, sea cual sea nuestra opinión. Pidamos al Señor la capacidad de reconocer a cada persona por el Espíritu, para amar a todos los hermanos y hermanas "por el Cristo en nosotros", sin tomar en cuenta lo exterior, su aspecto. Cuando nos reunimos para alabar y adorar, sería adecuado vestirse bien en honor a nuestro Rey. La mayoría de nosotros, si se le invita a un encuentro con un importante personaje, se vestirá con su mejor ropa. Honramos a nuestro Dios cuando no somos tan casuales en nuestra manera de vestir al congregar como cuerpo de Cristo.

## Ni hombre ni mujer

Aunque en estas últimas páginas hemos tocado un tema "sólo de mujeres", los hombres pueden beneficiarse al tener una mejor comprensión del sexo femenino. Jesús comprendió a las mujeres como ningún otro hombre jamás había entendido su complejidad. Durante Su paso por la tierra, Dios usó a numerosas mujeres para ministrar a nuestro Señor Jesús. **"Aconteció después, que Jesús iba por todas las ciudades y aldeas, predicando y anunciando el evangelio del reino de Dios, y los doce con él, y algunas mujeres que habían sido sanadas de espíritus malos y de enfermedades: María, que se llamaba Magdalena, de la que habían salido siete demonios, Juana, mujer de Chuza intendente de Herodes, y Susana, y otras muchas que le servían de sus bienes" (Lucas 8:1-3).**

Las mujeres se sentían atraídas por la bondad y el amor de Jesús. Gran parte del trabajo del evangelio hoy es apoyado por fieles mujeres que dan de su subsistencia, dan de ellas mismas como aquellas del tiempo de Jesús. Más mujeres que hombres concurren fielmente a las iglesias, y aun así ellos tratan de desalentarlas en el ministerio. Jesús no las desalentó mientras le siguieron. **"Estaban allí muchas mujeres mirando de lejos, las cuales habían seguido a Jesús desde Galilea, sirviéndole" (Mateo 27:55).** El Maestro tenía numerosas discípulas que le seguían, una de ellas era Dorcas. **"Había entonces en Jope una discípula llamada Tabita, que traducido quiere decir, Dorcas. Esta abundaba en buenas obras y en limosnas que hacía" (Hechos 9:36).**

El Señor dijo claramente que todos los que le seguían podían ser parte de Su familia. Lo vemos en la respuesta de Jesús cuando Su madre y Sus hermanos trataban de verlo.

**"Entonces su madre y sus hermanos vinieron a él; pero no podían llegar hasta él por causa de la multitud. Y se le avisó, diciendo: Tu madre y tus hermanos están fuera y quieren verte. El entonces respondiendo, les dijo: Mi madre y mis hermanos son los que oyen la palabra de Dios, y la hacen" (Lucas 8:19-21).**

Podemos ser parte de la "hermandad" sin importar cuál es nuestro sexo, si buscamos cumplir la voluntad de Dios. El Señor eligió incluso Sus siervas, Ester y Rut, para ser figuras centrales de dos libros de Sus Sagradas Escrituras, los cuales llevan sus nombres. En Cristo, verdaderamente "no hay hombre ni mujer". Las mujeres se vuelven "hijos de Dios" al nacer de nuevo y los hombres forman parte de "la novia de Cristo".

Los ciento veinte que esperaban ser llenos del Espíritu Santo reunidos en el aposento alto no habían sido seleccionados por su sexo, sino por su obediencia. Hombres y mujeres por igual fueron llenos del poder de Dios en aquella habitación.

"Todos estos perseveraban unánimes en oración y ruego, con las mujeres, y con María la madre de Jesús, y con sus hermanos. En aquellos días Pedro se levantó en medio de los hermanos (y los reunidos eran como ciento veinte en número)" (Hechos 1:14 y 15).

Las mujeres que recibieron el poder del Espíritu Santo fueron parte del primer "equipo evangelista" de aquel tiempo. Toda la ciudad cambió como consecuencia de la vida transformada de aquellos que obedientes esperaron en el aposento alto para ser llenos del Espíritu y el poder de Dios. Hoy en día, Dios sigue derramando su Espíritu sobre sus hijos e hijas que son sus siervos y siervas obedientes.

"Y en los postreros días, dice Dios, derramaré de mi Espíritu sobre toda carne, y vuestros hijos y vuestras hijas profetizarán; vuestros jóvenes verán visiones, y vuestros ancianos soñarán sueños; y de cierto sobre mis siervos y sobre mis siervas en aquellos días derramaré de mi Espíritu, y profetizarán" (Hechos 2:17 y 18).

Dios usa mujeres en el ministerio en estas horas finales, tal como en tiempos de Pablo.

Su palabra para la iglesia de entonces tiene todavía vigencia: **"Asimismo te ruego también a ti, compañero fiel, que ayudes a estas que combatieron juntamente conmigo en el evangelio, con Clemente también y los demás colaboradores míos, cuyos nombres están en el libro de la vida"** (Filipenses 4:3).

# Nota Posterior

Los Miller están muy contentos de recibir correo de sus lectores; sin embargo, no les es posible responder a todas las cartas personalmente dado el volumen de correo que reciben. Ellos estarán encantados de orar junto con los intercesores de todos los que les escriben con una petición de oración, aunque no dan asesoramiento ya que ellos creen que esto debe ser dirigido a los pastores locales como se describe en las Escrituras.

Christ Unlimited Ministries, Inc. es una corporación 501(c) (3) de iglesia sin fines de lucro. Todas las contribuciones son deducibles de impuestos. Agradecemos sus oraciones, estímulos y apoyo. La compra de este libro nos hace posible el poder compartir copias gratis de la Biblia, literatura de enseñanza, materiales de video y audio con ministros en países del tercer mundo, quienes de otra manera no serían capaces de comprar el material.

**"El Señor le dio la palabra: era grande la compañía de aquellos que lo publicó" (Salmo 68:11).**

# Para Estudio Adicional

Este libro fue tomado de un curso de estudio de la Biblia llamado **La Series Sobreponiéndose a la Vida**. Toda la serie es una "caja de herramientas espiritual" virtual, ya que cubre una multitud de temas que cada cristiano enfrenta en su caminar con Dios. También responde preguntas que muchos creyentes tienen concerniente al movimiento actual con Dios. Esto es tratado con un enfoque equilibrado y dentro de la luz de las Escrituras. El pueblo de Dios no debe vivir frustrado, derrotado en la vida, sino que han de ser ¡victoriosos vencedores! Para un estudio más profundo, cada uno de estos libros tiene un cuaderno de trabajo disponible en versión impresa. También se enumeran a continuación libros adicionales escritos por Betty Miller.

**Títulos de libros en la
SERIE SOBREPONIÉNDOSE A LA VIDA:**

**EXAMINA TODO (La Serie Sobreponiéndose a la Vida – Libro 1)** - Cristo advirtió que la gran decepción sería uno de los signos de los tiempos finales. Se ofrecen pautas claras Bíblicas para discernir entre el Espíritu de la verdad y el espíritu del error. El libro trata sobre cómo juzgar sin ser crítico. *(Disponible en Impresión, PDF y Kindle, ¡Un libro de trabajo correspondiente estará disponible pronto!)*

**EL VERDADERO DIOS (La Serie Sobreponiéndose a la Vida – Libro 2)** - Esta es una enseñanza sobre el carácter de Dios, explicando por qué Dios hace ciertas cosas, y por qué está en contra de su naturaleza el hacer otras cosas. Diferencia entre las cosas por las que Dios es responsable y las cosas por las que el diablo es responsable. Nuestra responsabilidad como cristianos destinados a superarnos nos hace claro para que podamos vivir vidas victoriosas. *(Disponible en Impresión, PDF y Kindle, ¡Un libro de trabajo correspondiente estará disponible pronto!)*

**LA VOLUNTAD DE DIOS (La Serie Sobreponiéndose a la Vida – Libro 3)** - Esta lección nos enseña no sólo cómo conocer la voluntad de Dios en nuestra vida personal, en la familia, en el ministerio y en las finanzas, pero también trae consigo la comprensión de por qué Dios permite el pecado, la enfermedad y el sufrimiento en el mundo. Como vencedores, nosotros los cristianos no deberíamos de estar sufriendo debido a muchas cosas que hemos aceptado como normales. *(Disponible en Impresión, PDF y Kindle, ¡Un libro de trabajo correspondiente estará disponible pronto!)*

**LAS LLAVES DEL REINO (La Serie Sobreponiéndose a la Vida – Libro 4)** - Las instrucción sobre cómo ganar autoridad en el Reino de Dios a través de la oración es el tema de este libro. Muchos de los principios y métodos de la oración están cubiertos en este libro, tales como la oración en el Espíritu, el ayuno y el rezo, oración de dolor, alabanza, intercesión y guerra espiritual. *(Disponible en Impresión, PDF y Kindle, ¡Un libro de trabajo correspondiente estará disponible pronto!)*

**LA DESCRIPCIÓN Y ANDANZAS DE SATANÁS (La Serie Sobreponiéndose a la Vida – Libro 5)** - Este libro es una poderosa exhibición de los trucos, tácticas y de las mentiras de Satanás. Los métodos de cultos y métodos ocultistas se enumeran para que así los cristianos puedan detectar sus actividades. Se discute la actividad del demonio, la liberación y la expulsión de demonios es tratado en detalle. Se pone al descubierto el reinado de Satanás y se le enseña al cristiano a superarse por medio del discernimiento espiritual la lucha. *(Disponible en Impresión, PDF y Kindle, ¡Un libro de trabajo correspondiente estará disponible pronto!)*

**LA CURACIÓN DEL ESPÍRITU, ALMA Y CUERPO (La Serie Sobreponiéndose a la Vida – Libro 6)** - Este libro enseña cómo combatir los problemas emocionales, tanto como los físicos, y como recibir las curación divina. También enseña como renovar la mente carnal y caminar dentro del espíritu de la vida, superando así la depresión, soledad y el temor. *(Disponible en Impresión, PDF y Kindle, ¡Un libro de trabajo correspondiente estará disponible pronto!)*

**NI HOMBRE NI MUJER (La Serie Sobreponiéndose a la Vida – Libro 7)** - ¿Cuál es el papel de la mujer dentro de la iglesia y el hogar? ¿Quién es la guía espiritual de la mujer, y quien le protege? ¿Llama Dios a la mujer al ministerio de los cinco oficios ministeriales? ¿Qué nos dice la palabra de Dios sobre el divorcio, celibato, y como escoger a una pareja para el matrimonio? Estos y otros tópicos relacionados a la mujer son bíblicamente examinados. *(Disponible en Impresión, PDF y Kindle, ¡Un libro de trabajo correspondiente estará disponible pronto!)*

**¿EXTREMOS O EQUILIBRADO? (La Serie Sobreponiéndose a la Vida – Libro 8)** - Muchos cristianos han dañado la causa de Cristo a través de enseñanzas y manifestaciones "fuera de balance". Este libro ensena como evitar esas áreas. También trata sabiamente sobre los excesos y extremos en el cuerpo de Cristo. *(Disponible en Impresión, PDF y Kindle, ¡Un libro de trabajo correspondiente estará disponible pronto!)*

**LA SENDA HACIA LA VIDA VICTORIOSA (La Serie Sobreponiéndose a la Vida – Libro 9)** - Este libro contiene respuestas a preguntas que enfrenta un vencedor al sentir la presión del gran llamado en Jesucristo. ¿Cómo podemos ser conformados a la imagen de Cristo? ¿Cómo funciona el Espíritu Santo con los vencedores al final de los tiempos? ¿Cuáles son las recompensas de los vencedores? *(Disponible en Impresión, PDF y Kindle, ¡Un libro de trabajo correspondiente estará disponible pronto!)*

## Títulos de libros en la
## LA SERIE DE LOS TIEMPOS FINALES:

**GUERRA ESPIRITUAL PERSONAL (La Serie Los Tiempos Finales – Libro 1)** - Explica el mundo invisible de las fuerzas espirituales que influyen en nuestras vidas y cómo el bien puede prevalecer sobre el mal a nuestro alrededor mientras nos preparamos para la nueva era del reino que ha de venir. Este libro le ayudará a superar los problemas en sus finanzas, el matrimonio, las presiones emocionales de temor, enojo y dolor. Estas son las claves de la victoria a través de la guerra espiritual. *(Disponible en impresión, PDF y Kindle)*

**MARCA DE DIOS O MARCA DE LA BESTIA (La Serie Los Tiempos Finales – Libro 2)** - Mucho se ha escrito y dicho acerca de la marca de la bestia, pero poco se ha dicho acerca de la marca de Dios. ¿Qué significa el 666 y que es esta misteriosa marca? ¿Cómo se vincula con el mundo de las finanzas? ¿Ha comenzado ya esta marca? Este libro responde a muchas preguntas acerca de la marca de la bestia y la marca de Dios, y cómo afectan a los cristianos. *(Disponible en Impresión, PDF y Kindle)*

**MATERIAL DEVOCIONAL:**

**SABIDURÍA DE DIOS PARA LA VIDA DIARIA** - La sabiduría de Dios para la vida diaria por Betty Miller es un devocional de 365 días basado completamente en el libro de Proverbios. Este libro único es algo más que un devocional diario; sino que también es una serie de mini-enseñanzas, que te ayuda a estudiar y meditar en la Palabra de Dios. Proverbios revela la Sabiduría de Dios, y nos ayuda a saber cómo hacer frente a los problemas cotidianos a los que todos nos enfrentamos. Este libro en particular nos da consejos piadosos en el área de las relaciones, el matrimonio, la educación de niños, manejo de dinero, problemas de salud, y decenas de otros temas y cosas oscuras que, por la curiosidad de la gente, han deseado saber. La Biblia es un regalo de Dios a la humanidad, y el regalo de Betty Miller de la enseñanza ayuda a los que tienen corazones que buscan obtener este conocimiento y aplicarlo a su vida diaria. El devocional tarda sólo 5 minutos al día para leer, pero la sustancia persistirá con usted todo el día. Vea el comentario de un lector abajo. *(Disponible en Impresión y Kindle, disponible pronto en Aplicación Móvil.)*

*Muchos de estos libros se han redactado, pero ninguno se compara con el de Betty Miller. Esto realmente es un diario de referencia esencial y fuente de inspiración para cualquier persona que quiera estar más cerca de Dios. Ella tiene una increíble conexión con el Espíritu Santo ya que sus palabras parecen penetrar en el alma del lector. He estado leyendo este libro de manera intermitente durante años y siempre descubro algo nuevo que yo no había visto antes, no importa cuántas veces lo he leído. También es una excelente guía para enseñar y aconsejar a otros. ¡Muy recomendable!* - C. A.

Si este libro te ha bendecido, nos encantaría seguir dándote ministerio a través de nuestra página web. Si usted busca artículos adicionales, materiales de estudio, respuestas de la Biblia, apoyo en oración, u otros materiales de recursos bíblicos visitarnos hoy.

www.BibleResources.org

Christ Unlimited Ministries, Inc.
P.O. Box 850
Dewey, AZ 86327
U.S.A.

# Propósito y Visión

*"Id, pues, y haced discípulos a todas las naciones, bautizándolos en el nombre del Padre, y del Hijo, y del Espíritu Santo, enseñándoles que guarden todas las cosas que os he mandado: y he aquí yo estoy con vosotros todos los días, hasta el fin del mundo. Amén"*
*(Mateo 28: 19-20).*

El Cristo ilimitado no es "otra denominación", secta, o simplemente un grupo separado. Es un brazo del Cuerpo de Cristo-la Iglesia de Jesucristo, que ha sido llamado a fortalecer el Cuerpo en general. También creemos que hemos sido llamados para ayudar a establecer el Reino de Dios en la tierra.

El Cristo Ilimitado está involucrado con todos los cristianos creyentes en la Biblia, independientemente de su iglesia o afiliación o denominación y que están comprometidos a ayudar siempre que sea posible en evangelizaciones y en enseñanza de acercamiento.

El Cristo Ilimitado cree que el tiempo se está acabando y el evangelio no ha sido predicado a toda criatura. Muchas naciones no han escuchado el Evangelio, y en muchos lugares, las puertas para la evangelización se están cerrando. Creemos que es hora de que todos los cristianos cooperen con el Señor en la rotura de las paredes de la denominación en una línea de frente único contra el reino de la oscuridad y en el establecimiento del Reino del Señor Jesucristo por el poder del Espíritu Santo.

El Cristo Ilimitado ofrece herramientas para permitir a los santos de Dios a establecer el Reino de Dios en la tierra. Alentamos los grupos de guerreros de la oración que oren, ayunen, e intercedan por las naciones. Esto, creemos, es el arma número uno. Enseñamos a los creyentes la manera de superarse a través de la guerra espiritual y por medio de saber cómo utilizar su autoridad en Cristo Jesús por medio de la Palabra y el poder del Espíritu Santo.

Los cristianos necesitan saber cómo reducir las fuerzas de la oscuridad en sus propias vidas y en las vidas de aquellos a quienes ministran. Proporcionamos herramientas tales como Biblias, literatura, libros sobre Cristo Ilimitados y un ministerio de oración en línea. Publicamos el Evangelio a través de cualquier medio de comunicación, incluido Internet, vídeos, así como literatura. Tenemos seminarios de enseñanza, escuelas Bíblicas, y cursos por correspondencia, todo ello encaminado para ganar almas para Cristo y la construcción del Cuerpo de Cristo en la madurez.

Bud y Betty Miller sirven al Señor juntos como fundadores del ministerio de alcance multi-visionario de Cristo Ilimitado. Los alcances de este ministerio se han originado a partir de un gran deseo de que la Palabra de Dios sea enseñada en su totalidad equilibrada. Los Miller son firmes creyentes en la oración y, a través de la oración, han visto a muchos haber sido liberados de la esclavitud del temor, del fracaso y de la derrota.

Los alcances de Cristo Ilimitado están en obediencia a las palabras de nuestro Señor. **"Id por todo el mundo y predicad el evangelio a toda criatura" (Marcos 16:15).** Este mandato del Señor representa un desafío para nuestra generación ya que como un estimado del 25 por ciento de la población mundial todavía no ha oído las Buenas Nuevas de Jesucristo.

El ministerio de Cristo Ilimitado también se dedica a la enseñanza de la Palabra de Dios. **Oseas 4: 6** nos dice, **"Mi pueblo fue destruido porque le faltó conocimiento"**. Muchos cristianos están llevando vidas derrotadas, simplemente porque no conocen la Palabra de Dios en toda su plenitud.

El Ministerio de Cristo Ilimitado ha provisto para aquellos que desean conocer la Palabra de Dios de una forma mayor. El principal objetivo de la enseñanza y la literatura se dirige a "Cómo poder ser un vencedor". En los últimos días, tenemos que estar preparados para superar los ataques de Satanás. Muchos cristianos están sufriendo innecesariamente, porque no saben cómo superar la enfermedad, la depresión, el divorcio, el temor y el fracaso financiero. El Ministerio de Cristo Ilimitado proporciona respuestas para las familias con problemas, así como capacitación a los trabajadores para el servicio.

Si te gustaría participar en traer libre de las enseñanzas de la Biblia a misioneros en todo el mundo, ganar almas para Cristo,
y construir el cuerpo de Cristo a la madurez, se convierten en un socio en este esfuerzo de hoy.

Convertirse en un socio en línea en BibleResources.org

o

**Convertirse en un socio por contribuciones al correo:**
Christ Unlimited Ministries
P.O. Box 850
Dewey, AZ 86327

CHRIST UNLIMITED MINISTRIES es una sin fines de lucro, exenta de
impuestos Iglesia, bajo sección 501(c)(3) del código tributario.
Todas las contribuciones son deducibles de impuestos.

www.ingramcontent.com/pod-product-compliance
Lightning Source LLC
Chambersburg PA
CBHW050044080526
44586CB00014B/1452